Leo Berg

Ernst von Wildenbruch und das Preussenthum in der

modernen Litteratur

Leo Berg

Ernst von Wildenbruch und das Preussenthum in der modernen Litteratur

ISBN/EAN: 9783743441095

Hergestellt in Europa, USA, Kanada, Australien, Japan

Cover: Foto ©ninafisch / pixelio.de

Weitere Bücher finden Sie auf **www.hansebooks.com**

Seitdem Ernſt von Wildenbruch mit ſeinen „Karolingern" auf der Bühne des meiningiſchen Hoftheaters einen durchſchlagenden Erfolg errungen — „durchgedrungen" lautet der techniſche Ausdruck —, iſt jede Wildenbruch'ſche Première ein litterariſches Ereignis in Deutſchland geworden. An den Namen Wildenbruchs knüpften ſich plötzlich die kühnſten Hoffnungen für die Entwickelung der deutſchen Bühne. Wer eben noch den ſchwärzeſten Gedanken über eine moderne Litteratur ſich hingab, erklärte jetzt, „durch die That belehrt", ſeinen Peſſimismus überwunden. Man ſprach von einer neuen Glanzperiode der deutſchen Dichtung, vom Aufblühen des nationalen Dramas. Die Überſchwänglichſten wähnten ſogar dieſe Blüte durch ihn bereits gekommen. „Der deutſche Shakeſpeare ſei uns in Wildenbruch erſtanden," das war eine Phraſe, die man ſelbſt aus dem Munde der ernſteſten Männer vernehmen konnte.

Seit jenen Tagen iſt mehr als ein halbes Jahrzehnt ins Land gegangen. Wildenbruchs Ruhm iſt nirgends verdunkelt. Eine ſtattliche Reihe von Werken hat er uns ſeitdem beſcheert, und wir dürfen heute fragen, wie viel ſich von alle dem erfüllt hat, was ſich an Erwartungen an dieſen Dichter knüpfte?

Wildenbruch zählt gegenwärtig zu den gefeiertſten Dichtern Deutſchlands. Er gilt als der größte lebende Dramatiker deutſcher Nation. Seine Freunde, die ſeinen Ruhm ſtets mit ſo lauter Stimme verkündeten, lagen in ſtändigem Konflict mit der Kritik. Mit einer Empfindlichkeit nahm man jede Ausſtellung an des Dichters Werken entgegen, als gehe man der deutſchen Litteratur ſelber zu Leibe, ohne

1*

zu bedenken, daß Niemand ihm mehr schadete, als alle diejenigen, welche ihn fort und fort mit Shakespeare, Schiller, Heinrich von Kleist und anderen verglichen. Nicht dadurch allein, daß solche Vergleiche nur falsche Vorstellungen über einen Dichter und seinen Wert erwecken müssen und selbst der Kritik eine Waffe in die Hand geben, sie sind es vor allen Dingen, die ihm rundweg jede Berechtigung absprechen. Ist Wildenbruch Shakespeare, dann ist er überflüssig, da ja der alte Shakespeare noch immer ganz gut ist. Soll jener etwas wahrhaft bedeuten, so sei er eben er selbst, eine eigene Individualität, die keine Vergleichung, selbst mit dem Größten, duldet.

Bis zum Jahre 1881 war der Name Ernst von Wildenbruch's nur einem kleinen litterarischen Kreise bekannt. Bis zu jener Zeit wollte man eben so wenig von ihm wissen, als man ihn späterhin bedingungslos gepriesen hat. Er ist in des Wortes eigenster Bedeutung über Nacht berühmt geworden. Vorurteilsvoll hatte man ihn abgewiesen, indem man erklärte, das historische Drama habe in unseren Tagen keine Berechtigung mehr und man glaubte sich plötzlich, jeglichen Vorurteils begeben zu haben, indem man seiner Berechtigung gar keine Schranke zugestand. Und so bewies man denn erst recht und aufs Schlagendste, daß man noch nicht aus den Windeln der litterarischen Vorurteile heraus war, da es die Grundforderung der litterarischen Kritik ist, jeder Einzelerscheinung gerecht zu werden, und da keine Zimperlichkeit einen Dichter davor bewahren kann, daß ihm seine Schönheit, Größe und Bedeutung oder ihr Gegentheil am lebendigen Leibe demonstriert werde. Es ist aber jedesmal das Zeichen litterarisch unproductiver Zeiten, daß ein Dichter, der bis zur Mitte seines Lebens in Dunkel gehüllt war, plötzlich unter die ersten des Landes erhoben und wie ein Heiligthum angebetet wird. Denn diese jähe Berühmtheit und ihre Unantastbarkeit arbeitet dem ersten Gesetze nach welchem ein wahrer Künstler sich zu entwickeln pflegt, entgegen. Nur an und mit seinem Volke, nur an und durch seine Werke kann sich der echte Künstler entwickeln. Auf dem unbekannten und nur bewunderten aber ruht der schwerste Fluch, der einen productiven Geist niederdrücken kann, die Verurteilung zur Teilnahmslosigkeit an dem lebendigen Geiste der Zeit. Parias und Päpste pflegen die Welt gleich wenig zu befördern.

Es ist das Verdienst Ernst von Wildenbruchs einen großen Teil unseres Publikums für litterarische Interessen wieder gewonnen zu haben. Und für die Theatergeschichte unserer Zeit gebührt ihm der Ruhm, der ihm nimmermehr geschmälert werden darf, daß man seit seinem Auftreten auch vom modernen Dichter etwas mehr erwartet als bloße Unterhaltung, daß man im Theater wieder, wenn auch vereinzelt, noch mehr als Zeitvertreib sucht. Man pries an seinen Werken vor allem den nationalen Gehalt, man bewunderte seine poetische und dramatische Kraft. Nichts aber begeisterte seine Freunde mehr, als daß seinen Dramen der National = Charakter desjenigen deutschen Stammes aufgedrückt war, dem die politische Führung unserer Zeit anvertraut ist, des preußischen. Man sagte sich, und mit Recht, daß nur eine nationale Kunst Boden fassen könne im Volke. Mehr als unserer Politik hat der deutschen Litteratur die Ausländerei geschadet. Ein Volk aber, das sich um Dinge nicht kümmert, die nicht seinem eigenen Schooße entwachsen, legt damit kein Armutszeugnis ab, sondern beweist nur, daß es gesund.

An Wildenbruch aber war doch, oder schien wenigstens, Alles national geprägt zu sein. Wiewohl fern vom preußischen Heimatlande, zu Beirut in Syrien (den 2. Februar 1845), wo sein Vater damals preußischer Generalkonsul war, geboren, hat er doch wie kaum ein zweiter Dichter seine Dichtungen frei von allen fremdländischen Einflüssen zu halten gewußt. Die wenigen Jahre, welche er während seiner Jugend in Berlin verlebt hatte (1847—50) scheinen tiefer und nachhaltiger auf ihn eingewirkt zu haben, als die Folgezeit, die er in Athen und Konstantinopel verbrachte. Dann aber, als er in späteren Jahren abermals nach Berlin zog, war seine Entwickelung vorgezeichnet. Seine Jugend fällt mit dem nationalen Aufschwung unseres Volkes zusammen. Mit 14 Jahren trat er in das Berliner Cadettencorps ein, aus dem er 1863 als Offizier ausschied. Schon hat er seine militärische Laufbahn aufgegeben, um sich einem wissenschaftlichen Berufe zu widmen, als der preußisch=österreichische Krieg ausbrach und ihn auf's Neue unter die Fahne rief. Nach Beendigung des Feldzugs legte er, wiewol inzwischen 22 Jahre alt geworden, in Burg bei Magdeburg sein Abiturientenexamen ab und lag darauf in Berlin dem Studium der Rechte ob. Kaum hatte er sein Referendarexamen absolviert, als durch die Kriegserklärung Napoleons an Deutschland seine juristische Karriere eine abermalige Unterbrechung erlitt. Nachdem er in Frankfurt a. O. und Berlin als Oberappellations = Gerichts-Referendar und als Richter fungirt hatte, trat er 1877 aus dem Gerichtsdienst und in das Auswärtige Amt zu Berlin über. Im Herbste des verflossenen Jahres erhielt er den Titel eines Legationsrats. Seine dramatische

Thätigkeit wurde im Jahre 1884 durch den vom deutschen Kaiser verliehenen großen Schillerpreis gekrönt. —

Aus dieser kurzen biographischen Skizze erkennt man bereits in Wildenbruch eine ernst ringende und hoch strebende Natur. In vorgeschrittenem Alter begiebt er sich noch aufs Gymnasium, um eine wissenschaftliche Laufbahn zu beginnen. Als Student der Jurisprudenz gründet er in Berlin den akademisch litterarischen Verein, der durch ihn bis auf den heutigen Tag die mächtigste litterarische Anregung erfährt. In seinen eigenen Dichtungen sehen wir ihn von Jugend auf stets einen gewaltigen Anlauf nehmen. Er will sein Ideal, „das Preußenthum in der Litteratur", verkörpern. Die Siege von Vionville und Sedan werden von ihm besungen. Als sein Publikum denkt er sich die deutsche Jugend, der noch „das heilige Recht nicht verloren ist, im Sturme des Gefühles zu vergessen, das Tadelswort, das kalter Sinn geboren." Nirgends bis auf wenige Gedichte findet sich bei Wildenbruch ein Tändeln mit der Poesie. Er hat sich ein edles und hohes Ziel schon in seinen ersten Dichtungen gesteckt. Er will den Sinn für Poesie wieder entfachen. Er klagt:

> „— da noch kaum in Frankreichs heißem Sande
> Das treue Heldenblut erloschen war,
> Bot dem unsauberen Geist aus Frankreichs Lande
> Der deutsche Geist in's Joch den Nacken dar!"

Ihn erfüllt es mit Schmerz, daß die große Zeit in den Herzen der deutschen Sänger keinen Wiederhall gefunden hat.

> „Die Zeit war da, doch Deutschlands Sänger schwiegen,
> Die That der Brüder jauchzte keiner nach!"

Notwendig, unentbehrlich gilt ihm eine nationale Poesie, denn

> „Ein Volk, das seine Thaten nicht besänge,
> Es wäre halb nur seiner Thaten werth."

Schon durch dieses selbstbewußte und energische Streben hat sich Wildenbruch Anwartschaft auf ernste Beachtung erworben. Von all unseren Modegötzen, von allen, die gegenwärtig die deutsche Bühne beherrschen, ist er vielleicht der einzige, der überhaupt noch ernst genommen werden kann.

Allein, so sicher unser Dichter auch mit seinen künstlerischen Tendenzen hervortritt, so schwankend sehen wir ihn in der Form. Diese gewaltigen Ansätze, weisen sie nicht dennoch darauf darauf hin, daß im

Innersten seines Herzens Zweifel und Verzagtheit über seine Be=
strebungen herrschen? Wenigstens, was ihren Erfolg anbetrifft? Und
in der That ist er niemals in dem, was ihn am tiefsten bewegt, ganz
verstanden worden. Er brauchte sich ja auch nur klar zu machen,
was er eigentlich erstrebte, um alle Hoffnung sinken zu lassen. Dem
poetisch unfruchtbarsten aller deutschen Stämme eine Poesie geben, das
ausführen, woran H. v. Kleist gescheitert. War es nicht ermuthigend
für ihn, Rückschau zu halten, was vor ihm geschehen, woran es anzu=
knüpfen galt! Oder sollte er sich vermessen, eine Litteratur aus dem
Nichts zu schaffen? „Die Gebiete, auf denen die Phantasie zu Hause
ist, haben von Preußen wenig Anpflanzung erfahren," bemerkt schon mit
Recht Gervinus. Und welche Pflege ist dieser wenigen Anpflanzung (im
vorigen Jahrhundert eigentlich nur durch Gleim und Ew. Kleist!) im
Preußenlande — der Heimat Winckelmann's — zu Teil geworden! Sind nicht
die wenigen Samenkörner, welche ausgestreut wurden, auf sandigen Boden ge=
fallen oder von den Schritten preußischer Dragoner zertreten worden? Den
wenigen Dichtern und Künstlern, welche preußischen Geist wahrhaft zu ver=
körpern trachteten, welches Schicksal wurde ihnen zu Teil! Läuft doch
die Entwicklung des preußischen Staates derjenigen der deutschen
Litteratur geradenwegs entgegen, denn — abgesehen von den letzten
Lebensjahren Friedrichs des Großen —: als die deutsche Dichtung
blühte, lag Preußen darnieder; da aber Preußen mächtig war, war
unsere Poesie im Niedergang begriffen. — Wir wären ins Zeitalter
der politischen Reise getreten, hört man wol. Einst freilich
rühmten sich die Deutschen, daß, während die Engländer das Meer und
die Franzosen das Land beherrschten, sie die Gebieter im Reiche des
Gedankens seien. Aber nichts hat sich für unser nationales Leben
verhängnisvoller erwiesen, als die Trennung von That und Poesie.
Denn es giebt in der Weltgeschichte einfach keine großen Thaten, die
nicht allein eine neue Poesie erzeugt, sondern selbst das Erzeugnis der
poetischen Stimmung eines Volks gewesen. Solch ein Erzeugnis war
auch die That von 1870 und 71. Dem Lorbeer Bismarcks aber
fehlt vielleicht das schönste Blatt. Wenn alles, eins wird man ihm,
eins wird man fast sämmtlichen preußischen Machthabern nicht nach=
rühmen können: „Den Hunger seiner Zeit nach Schönheit" hat er,
haben sie alle nicht verstanden.

Kann es denn freilich Wunder nehmen? Wo immer Kunst und
Litteratur in der Welt geblüht, da war der Glaube an die Kraft des
Einzelnen mächtig im Volke, war der Schmerz und die Lust des Ein=

zelnen Gegenstand des Interesses, des Mitleids. Alle großen Dichter waren Herzenskündiger. Aber ist jemals das Individuum brutaler unterdrückt worden, als im militärischen Preußenstaate?

Nichts charakteristischer, als daß der erste staatlich sanctionierte und noch zu Lebzeiten anerkannte Dichter von spezifisch preußischem Cha= rakter der Schlachtensänger Christian Friedrich Scherenberg war. Fürwahr ein sprachgewaltiger Dichter von eigenartiger Kunst, dessen Schöpfungen nur eines fehlt, um auf den Namen „groß" An= spruch zu erheben, nämlich Menschen! Ihm folgte in der Verherr= lichung von Schlachten und Kriegshelden der wackere Theodor Fontane mit seinen „Männer und Helden" (1850). Auf seinen Wegen werden wir auch Ernst von Wildenbruch finden. Der einzige aber neben H. v. Kleist, der wahrhaft den brandenburgisch=preußischen Geist zur Darstellung zu bringen verstand, ist der Romancier Willi= bald Alexis (G. Wilhelm Heinr. Häring), der preußische Walther Scott, wie man ihn wol genannt hat.

Das Todesjahr Christian Scherenbergs ist dasselbe, welches für Wildenbruchs Schicksal so entscheidend wurde, das Jahr 1881. Im folgenden Jahre gingen vier Dramen von ihm über die deutschen Bühnen. Er trat auf mit einem Satyrspiel: „Die Philologen am Parnaß oder die Vivisektoren" (1868). Fünf Jahre später ließ er das symbolische Gedicht „Die Söhne der Sibyllen und der Nornen" folgen, dem sich im Jahre 1874 und 75 die beiden Helden= gesänge „Bionville" und „Sedan" anschlossen. Ein Band „Lieder und Gesänge" erschien 1877 und im Jahre 1880 seine erste Erzählung: „Der Meister von Tanagra", während die Buchausgabe der vier Dramen, welche seinen Ruf begründeten, im Jahre 1882 herauskam. Bis auf wenige Jugendwerke sind alle Dichtungen Wildenbruchs im Verlage von Freund & Jeckel (Berlin) erschienen.

Gegen Wildenbruch's Schlachtenlieder ist dasselbe, nur mit noch größerem Rechte einzuwenden, was man gegen diejenigen Scherenbergs (Leuthen, Hohenfriedberg, Waterloo rc.) vorgebracht hat. Denn wenn man gesagt hat, eine moderne Schlacht sei kein des Dichters würdiger Gegenstand, so hat man damit nicht eines der gewöhnlichen Vorurtheile ausgesprochen, demzufolge irgend ein Mensch einem Künstler vorzu= schreiben habe, welchen Stoff er behandeln dürfe. Es giebt nur eine po= etische Gattung, welcher die Berechtigung abgesprochen werden darf, und das ist diejenige, welche uns den Menschen vorenthält. Eine Kriegspoesie hat keine Berechtigung in einer Zeit, in welcher der Krieg faſt ſelbſt keine Berechtigung mehr hat. Der Menſch iſt nach Herder doch ſchließlich der einzig würdige Gegenſtand der Poeſie. Ihn aber ſuchen wir in den Schlachtenepen Scherenberg's und Wildenbruch's vergeblich. Hier ſehen wir nichts als Pulver und Dampf, nichts hören wir als Kanonendonner und Roſſegetrampel! Die Götter, die hier walten, ſind der Zufall und die brutale phyſiſche Gewalt. Das einzige Talent, das der Dichter hier zu entfalten vermag, iſt Geſtaltungskraft und Anſchauungsvermögen. Über dasſelbe verfügt Scherenberg teilweis im hohen Grade, Anſätze von Charakteriſtik ſind vorhanden, wenn auch ſpärlich geſäet. Die Originalität ſeiner Sprache, Klang und Kraft der Verſe verleihen ſeinen Gedichten einen eigenen Reiz. Wildenbruchs Heldenlieder aber ſind wüſt und verworren, ſeine Sprache unerträglich phraſenhaft. Will er z. B. die Bedeutung des Sedantages für Deutſchland zeigen, ſo läßt er den König von Preußen die Front der deutſchen Truppen entlang reiten, die ihm plötzlich, wie aus einem Munde, zujubeln.

„Das war der Schrei 'nes Volk, das gleicher Sinn verbindet.“

So charakteriſiert Wildenbruch den Einheitsgedanken, den dieſer Tag verwirklicht. Aber das Schreien macht es doch ſchließlich nicht in der Welt! —

Im „Menonit“ ſagt ſich ein junger Mann von der MenonitenGemeinde los, um dem Vaterlande dienen zu können. Der Kampf mit der Gemeinde, die für Ehre und Vaterland keinen Sinn hat, bildet den Inhalt des Dramas. Eine glühende und doch jugendlich naive Begeiſterung ſpricht aus ihm. Die Fehler ſind die Fehler der Begeiſterung, die Irrthümer ſind die Folgen eines Zuſtandes, in dem den Dichter ſein Enthuſiasmus dahin hinreißt und ſeinen Kopf nicht kühl genug läßt, um alles in Erwägung zu ziehen. Vor einem naiven Zuſchauerkreis von begeiſterten Schauſpielern aufgeführt wird der „Menonit“ ſtets die zündendſte Wirkung ausüben. Handlung und Sprache haben hier ſogar einen gewiſſen Grad von Natürlichkeit und Wahrheit, wenn man bedenkt, daß der Held ſelber ein Hitzkopf iſt, deſſen Fühlen und Denken ſich etwa decken mag mit den Geſinnungen und Empfindungen des Dichters, als er dieſe Dichtung niederſchrieb. Niemals wieder hat Wildenbruch in einem Drama ſo ganz den Ausdruck deſſen gefunden, was er gewollt und empfunden hat. Es erſcheint uns durchaus nicht gemacht und phraſenhaft, wenn wir einen Boten Schill's reden hören:

„Hörst Du die Bäume flüsternd sich bewegen?
Du meinst, es sei der Wind, Du irrest Dich,
Die Seufzer sind es, welche Deutschland stöhnt.
Siehst Du die Tropfen perlen hier im Gras?
Du meinst, es sei der Tau — Du irrest Dich,
Die Thränen sind es, welche Deutschland weint —."

Wenn dieser Bote nur nicht gerade ein westfälischer Bauer wäre!— Allein, das ist die Sprache, welche uns aus den Liedern jener Zeit entgegentönt. So dachte und empfand man damals. Es lebt und webt etwas von dem jugendlichen Feuergeiste Theodor Körners in diesem Drama. Die Auffassungen von Welt und Menschen in demselben sind naiv. Doch findet sich hier bereits eine der best charakterisierten Figuren, die Wildenbruch geschaffen, der Menonit Justus. — Das unverkennbare Vorbild des Dichters ist hier in allen Stücken Schiller. Was Wunder, daß auf Motivierung kein großes Gewicht gelegt, daß in blindem Eifer oft das Einfachste und Natürlichste übersehen und schließlich alles, namentlich auch der gesunde Menschenverstand bisweilen über den Haufen gerannt wird! Der Held Reinhold ist z. B., wiewol er als Menonit nie eine Waffe in der Hand gehabt haben kann, ein vorzüglicher Schütze. Als seine Geliebte, die Tochter des Ältesten der Gemeinde, von einem französischen Offizier beleidigt wird und Reinhold, um sie zu verteidigen, ein Duell mit jenem eingehen muß, kann ihm von den Menoniten entgegengehalten werden, daß Ehre ein Ding sei, um das sich eine so fromme und gottesfürchtige Gemeinde nicht zu kümmern brauche. Von der Ehre einer Jungfrau hätte je ein sittliches Volk so sprechen, sie je mit der Standesehre verwechseln können? Sollte man solche Verdrehung selbst dem jugendlichsten Dichter verzeihen können? Man begreift leicht, wie durch solch ein einziges Wort eine vollständige Verschiebung aller sittlichen und vernünftigen Begriffe in eine Dichtung hineinkommen kann.

Ungleich größer ist die Aufgabe, die sich der Dichter mit dem folgenden Drama stellt. „Väter und Söhne" wollen den Kampf zweier Zeitalter, des sinkenden Friederizianischen und der neu aufsteigenden Zeit des jungen Deutschlands darstellen; dort Schwäche, Egoismus und starrer Sinn — hier Jugendlichkeit, Begeisterung und Patriotismus. Dem Drama liegt ein tief tragischer Konflikt zu Grunde. Eine Dorfschullehrer, dem der harte und ungerechte Militärdienst des Friederizianischen Regiments einen hoffnungsvollen Sohn geraubt, steht mit grollendem Herzen seinem Vaterlande gegenüber, um am Ende die Macht desselben gleichwohl zu erkennen und geht schließlich an diesem Zwiespalt seines Herzens zu Grunde. Gekränktes Rechtsgefühl ist wie in fast sämmtlichen Dichtungen H. v. Kleist's die innere treibende Kraft dieses Dramas.

Mit der Größe seines Vorwurfs hat der Dichter freilich wenig anzufangen gewußt. Anstatt sich in das Seelenleben seines Helden zu vertiefen, hat er es sich an äußerlichen Effecten gar nicht genug thun können und jede tiefere Wirkung zu nichte gemacht. Der alte Dorfschullehrer ist ihm unter den Händen zum Ungeheuer geworden. Zwanzig Jahre sind vergangen seit dem Tode seines Sohnes, ein zweiter Sohn ist ihm bereits geboren, der jetzt im Alter des ersten steht und ihm ähnlich sieht, und gleichwol ist er nicht versöhnt, gleichwol ist er unerbittlich in seiner Feindseligkeit gegen das Vaterland! Er ist also ein rachsüchtiger, gewaltthätiger Mann? Nein ein gemüthlicher Schulmeister, der seine Söhne was Ordentliches wollte werden lassen und der erst in dem Augenblick befriedigt ist, als er seinen zweiten Sohn im Studentenrock erblickt! Zwanzig Jahre hat er keinen Finger gerührt, um seinen Sohn an dem Kommandanten von Ingersleben zu rächen, und endlich, als ihm der Zufall eine Gelegenheit in die Hand spielt, ruht er nicht eher, als bis er dessen ganze Familie zu Grunde richtet. Wie wandelt sich nicht der Charakter des Helden durch diesen einzigen Zug ins Gemeine!

Ganz anders gelungen ist dem Dichter die Figur des alten Ingersleben, des Kommandanten der belagerten Festung · Küstrin. Trefflich ist die Stimmung, die über dem gedemütigten Preußen liegt, geschildert. Seine Gemahlin sucht ihn durch die Erinnerung an Friedrich den Großen zu ermutigen. Allein diese Erinnerung macht ihn erst recht verzagt:

> „Er war der große Genius seiner Tage,
> Und uns verschlingt der Genius unsrer Zeit,
> Denn jede Zeit hat ihren großen Mann,
> Dem seine Zeitgenossen dienen müssen,
> Die Einen willig, Andere durch Zwang —
> Wir haben's leider ungeschickt getroffen,
> Daß wir auf Seiten der Gezwungnen stehn."

Und von Napoleon heißt es:

> „Ich denke mir — er sitzt jetzt in Berlin,
> Weit ab von uns — und aus der Ferne jetzt
> Richtet er seinen Drachenblick auf uns —
> Sein Geist, wie ein blutsaugerischer Vampyr,
> Umschwebt mich, saugt das Blut mir aus dem Hirn;

> Er zählt mir jeden Mann auf meinen Mauern,
> Jeden Gedanken, der nach Rettung sucht,
> Liest er mir aus den Falten des Gehirns" u. s. w.

Dieser ganze zweite Akt, der auf Küstrin spielt und mit der schmählichen Kapitulation der Festung endigt, ist vorzüglich gebaut, ein dramatischer Nerv geht durch das Ganze, der uns bis zum Fallen des Vorhangs in Athem hält. Um so haltloser und innerlich unwahrer sind dafür die folgenden Akte. Da soll ein junger Mann, der Sohn des alten Schulmeisters, zu Spiondiensten verwandt werden, ohne es zu ahnen. Sieben Jahre hat er im Überfluß gelebt, ohne daß er es nötig fand, darnach zu fragen, woher dieser Reichthum komme. Der vierte Akt enthält die von jugendlicher Begeisterung getragene Scene, in der das freiwillige Jägerkorps den jungen Ingersleben zu ihrem Führer wählt. Hier verkündet dieser das schöne Recht der Söhne, zu lieben, wo die Väter einst gehaßt, ein Recht, das bekanntlich schon die sophokleische Antigone für sich in Anspruch nahm. („Nicht mitzuhassen, mitzulieben bin ich da.") Der fünfte Akt ist der Verherrlichung des Sieges von Groß-Beeren gewidmet. Die Localbegeisterung der Berliner ist grenzenlos, Spenden an Würsten, Schinken, wollenen Jacken u. s. w. beweisen ihren Patriotismus hinlänglich, das Hurrahschreien der Berliner Gassenjungen will kein Ende nehmen. An der Bahre seines in der Schlacht tötlich verwundeten Sohnes erkennt der alte Bergmann, daß heute „das junge, das gute Vaterland" geboren ward.

Allein, was wollen diese poetischen oder dramatischen Schwächen besagen, wird man einwenden, angesichts der Thatsache, daß hier zum ersten Male wieder auf der Bühne patriotische Begeisterung erweckt wird? Gewiß, das ist sein bleibendes Verdienst, das dem Dichter nur die Ungerechtigkeit absprechen kann. Und auch die einseitige Tendenz soll ihm nicht zum Vorwurf gereichen, denn schließlich ist jede Dichtung, die nicht nackte Nachahmung der Natur bleibt, Tendenzdichtung. Ist die Tendenz nur eine große? Aber das ist die von Wildenbruch's patriotischen Dichtungen nicht, denn es ist die kleinliche Freude am Besitz des Errungenen, aber nicht die Lust am Kampfe, die aus seinen Werken spricht. Heute, im Zeitalter der allgemeinen Wehrpflicht, der sich niemand, auch die Menoniten nicht entziehen dürfen, ein Stück, das da zeigen will, „wie deutsche Männer sterben können!" Man sinnt vergeblich, wozu die Wildenbruch'schen Dichtungen begeistern wollen.

Wenn Shakespeare — um nur in diesem einen Punkte Wilden-

bruch mit dem großen Britten zu vergleichen — fein nicht minder
tendenziöses Schauspiel „König Johann" mit den Worten abschließt:

> „Dies England lag noch nie und wird auch nie
> Zu eines Siegers stolzen Füßen liegen,
> Als wenn es erst sich selbst verwunden half." —

ja, das klingt stolz und siegesgewiß! Entflammend zu jeder patrio=
tischen' That wirkt solch eine Sprache, entflammend und begeisternd
wie H. v. Kleist's „Prinz vom Homburg" auf seine Zeitgenossen ein=
gewirkt haben würde, wenn sich diese Zeitgenossen um den unglück=
lichen Dichter gekümmert hätten. Kleist begnügt sich nicht mit der
Verherrlichung der Schlacht bei Fehrbellin. Sie ist ihm nur eine
Etappe zur Größe seines Vaterlandes gewesen. Kein Versöhnungsakt
schließt dieses Drama, wie dasjenige Wildenbruchs.

> „In Staub mit allen Feinden Brandenburgs!"

Das ist blutige, aber ehrliche Tendenz. Und wie schließen Wilden=
bruchs „Väter und Söhne"? — Mit dem Hurrahgeschrei der Berliner
Gassenbuben!

Da weiß Theodor Fontane schon anders sein Preußenland
zu feiern:

> „Du Adlerland, Du Zukunftsland,
> Du Hoffnung deutscher Länder,
> Daß um zu siegen, nur zu wollen braucht."

und:

> „Aus Freiheit und aus Treue
> Sprießt immer Sieg auf's Neue."

Soll es dem Dichter aber nicht gestattet sein, sich am Gewonnenen
zu erfreuen und dieses zu preisen? Aberdings! Aber nur in drei Fällen,
wenn er sein Poem nicht zur Gelegenheitsdichtung erniedrigen will:
1) Wenn er sich selbst als Teil seines Volkes empfindet und das allgemeine
Glück als ein subjektives, individuelles fühlt. Das thaten die
griechischen Sänger. Aber auch noch in unseren Tagen gelangen solche
patriotischen Jubelgesänge, wie Geibels herrliches Lied, mit dem er
den Sieg bei Sedan eingeläutet hat:

> „Nun lasset die Glocken
> Von Thurm zu Thurm
> Durch's Land frohlocken
> Im Jubelsturm!"

Solch eine Poesie wird stets schon wegen ihres subjektiven Charakters
lyrisch sein müssen. Wildenbruch ist jedoch nichts weniger denn Ly=
riker, wie, wenn schon nichts anderes, seine „Lieder und Gesänge"

darthun, ein Liederbuch, das fast keinen einzigen originellen Zug aufweist und überall geradezu den Charakter des Schülerhaften trägt. 2) Wenn die Freude an den Thaten den Dichter anfeuert, die Kämpfe seines Volkes zu schildern, wie z. B. die Sänger der deutschen Heldenepen. Allein Wildenbruchs Schlachtengesänge sind wüst und verworren. 3) Wenn der Dichter in den Siegen seines Vaterlandes zugleich das Siegen eines sittlichen Prinzips erkennt. In seinen „Söhnen der Sibyllen und der Nornen" verkündet zwar der Dichter ganz naiv die Lehre, das deutsche Volk sei sittlicher als das französische. Aber sittlich ist, wie so manches Andere, das früher auch als feststehend galt (absolut), ein relativer Begriff. Kein Volk ist sittlicher, als das andere, sondern nur eine Zeit übertrifft in diesem Punkte die andere. Das sittlichste Volk ist jedesmal dasjenige, das den höchsten Gedanken seiner Zeit verkörpert. Frankreich war das sittlichste aller Völker, solang es in der Kultur allen anderen voranschritt. — Worauf es hier und in den anderen Gedichten aber ankam, war zu zeigen, welch ein bestimmtes sittliches Prinzip bei Sedan u. s. w. den Sieg errang. In allen diesen Fällen hätte Wildenbruch thatenzeugende Begeisterung wecken können durch seine Dichtungen. Was sie aber erwecken, ist allein das Gefühl befriedigter Eitelkeit. Und das wäre nationale Poesie? Oder auch nur patriotische Poesie? Oder verhält sie sich nicht zu beiden, wie der Chauvinismus zu echtem Nationalgefühl und wahrer Vaterlandsbegeisterung? Auf den Ehrentitel einer nationalen Dichtung hat allein diejenige Poesie Anspruch, welche aus den Tiefen der Seele der Nation geschöpft ist, der das Gedicht durch seine Sprache angehört. Patriotisch ist diejenige zu nennen, die auf die patriotischen Gefühle der Zuhörer wirken will, also eine außerhalb des Kunstwerks liegende Absicht verfolgt. Es giebt Perioden in der Geschichte fast aller Völker, in denen diese für die Kunst nicht reif sind, und erst durch das Medium einer religiösen oder politischen Idee ihr genähert werden müssen. Daß unsere Zeit zu diesen Perioden gehört, hat Wildenbruch wohl erkannt. Doch er verschmäht es, ihr Prophet oder Führer zu sein, er erniedrigt sich selbst zu ihrem Schmeichler. Als seine feste Ueberzeugung spricht er es aus, daß der Poet nur dort sein Volk aufsuchen solle, wo es „herrlich ist und schön und groß!" Wenn H. von Kleist seinem Volke die Tage von Fehrbellin heraufbeschwört, so thut er es in der Absicht des Satirikers, der es, indem er ihm seine große Vergangenheit vorführt, sein eigenes Zerrbild erkennen lassen will. Ja, wären Wildenbruchs patriotische

Dramen in den Tagen da ihre Handlung vor sich geht, erschienen, wären der „Mennonit" und „Väter und Söhne" im Jahre 1807 und 1809 über die deutschen Bühnen gegangen, voilà, das wäre noch etwas gewesen! Aber heute? Heute weiß jeder Schulknabe zu sagen, daß und wie „deutsche Männer sterben" können. — Wahr und wahrhaftig ist jede echte patriotische Dichtung, wenn auch nicht immer in der Behandlung des Stoffes, so doch in der Idee, wie jedes echte Gefühl eben wahr und wahrhaftig ist; einseitig und schönfärberisch ist die chauvinistische Poesie. Der Chauvinismus will eben gar nichts, weder vor noch rückwärts, er freut sich in echt kindlicher Weise an dem Gegenwärtigen, er ist seiner Natur nach conservativ.

Was also die nationale bez. patriotische Seite der Wildenbruch- schen Dichtungen anbetrifft, so beschränkt sich sein Verdienst nach alle dem auf die eine Thatsache, daß er zum ersten Male wieder mit aller Energie die Notwendigkeit einer nationalen Poesie einem großen Teil des Publikums zum Bewußtsein gebracht hat, sowenig auch eine wahre nationale oder patriotische Dichtung der seinigen ähnlich sehen wird.

„Die Söhne der Sybillen" rc., sowie die Heldenlieder „Vionville" und „Sedan" sind fast ganz spurlos vorüber gegangen. „Der Men- nonit" hat vielleicht nie einen glänzenderen Erfolg gehabt, als bei seiner Studentenaufführung im „Berliner National-Theater". Und sind auch „Väter und Söhne" im letzten Herbst im „Berliner Ostend- Theater" mit rauschendem Beifall aufgenommen worden, so haben sie doch niemals die deutsche Bühne so im Sturm zu erobern verstanden als „Die Karolinger" oder „Harald".

Den Karolingern rühmte man vor allen Dingen Tüchtigkeit der Komposition und Sicherheit der Technik nach. Ein Dichter, über dessen Bühnentechnik und Kompositionstalent nur eine Meinung herrscht! „Über Schwierigkeiten, die jeden andern Dichter zu Fall gebracht hätten, setzt sich Ernst v. Wildenbruch kühn hinweg!", konnte man nach der ersten berliner Aufführung „Der Karo- linger" im „Nord und Süd" lesen; und nur mit anderen Worten gaben auch alle anderen Zeitschriften ihre Übereinstimmung zu erkennen. Denn was litterarische Dinge anbetrifft, so scheint in Deutschland der ewige Friede schon längst angebrochen zu sein!

„Die Karolinger" sind geradezu als das bestkomponierte Drama Wildenbruchs gerühmt worden. Wir werden also diese seine Kunst nirgends besser als an den „Karolingern" würdigen können.

Wir befinden uns zu Worms. Der fromme Kaiser Ludwig

hatte bekanntlich zu Aachen sein Reich unter seine drei Söhne, Lothar, Pipin und Ludwig geteilt, sich aber dabei nicht vorgesehen, daß er keinen vierten Sohn bekomme. Als dieser jedoch dennoch erscheint, bricht die Verlegenheit an. Die ältesten Söhne, die Ludwigs Wankelmut kennen, verlangen, daß hier die erste Teilung beschworen werde. Der Kaiser aber ist mit sich selber in Conflict, ob er seinen jüngsten Sohn von der Teilung ungerechter Weise ausschließen oder sein Wort halten solle. — Das ein dramatischer Conflict? Ein voreilig gegebenes Wort eine tragische Schuld? Doch nein, so werden wir belehrt. Es handelt sich hier um viel mehr, um die Wohlfahrt des Reiches, es ist ein Widerstreit der Pflichten des Monarchen und des Vaters. Der Abt Wala, welcher das Reichsprinzip vertritt, sagt wenigstens:

„Es ward geteilt; noch einmal teilen heißt
Zerspalten dieses Reiches große Einheit."

Ja, aber weshalb denn nur? Heißt es, das Reich weniger zerspalten, wenn man es in drei, oder wenn man es in vier Teile teilt? Und ein „gedritteilt Reich" eine große Einheit?

Doch dies ist nicht der einzige Conflict dieses Dramas. Da sehen wir die Söhne in Empörung gegen ihren schwachen Vater; ein Weib, die Kaiserin Judith, für das bedrohte Leben ihres Sohnes kämpfen. Da ist ferner eine Maurin, die sich von einem Ritter hat entführen lassen, an dessen Liebe aber zu zweifeln beginnt; und endlich dieser Ritter selbst, der Graf von Barcelona, der die Kaiserin liebt, und dessen Ehrgeiz geradenwegs nach dem deutschen Kaiserthron strebt. Dieser Bernhard von Barcelona soll eine Art Napoleon oder Richard III. sein, ein Mann von dämonischer Größe und rücksichtslosem Ehrgeiz, dem nur eins zu einem Napoleon fehlt, nämlich Napoleons Glück. Daß ihm freilich auch die Größe, das Dämonische fehlt, wie wir gleich sehen werden, lag wenigstens nicht in der Absicht des Dichters und ist Bernhards Privatunglück. Was nun zunächst seine Liebe zur deutschen Kaiserin anlangt, so will er sie schon 17 Jahre still im Herzen getragen haben, denn am Tage, wo sie von Ludwig zum Weibe erkoren, habe er sich sterblich in sie verliebt, so erzählt er ihr selbst. Und das, nachdem er uns eben in einem Monologe das Geständnis gemacht, daß er die Maurin nie geliebt. Daß sie ihm nur als Schwelle zu seinem Glücke dient! Judith aber beißt auf diesen Köder an. Man denke! Ein nicht mehr ganz junges Weib, Mutter eines 16jährigen Knaben, von der wir außerdem wissen, wie sehr sie den Kaiser beherrscht und die von ihren eigenen Stiefsöhnen gehaßt und gefürchtet ist, diese Frau verliebt sich Hals über Kopf in den ersten besten hergelaufenen, ihr bis zur Stunde vollständig unbekannten Ritter! Aber immerhin, was thut's, der Dichter hat einen neuen Conflict geschaffen. Bernhard schwillt nun der Kamm, und er ruft aus:

> „Mag dieses Frankenreich
> Zerkrachen unter unserem Schritt, das ist
> Gesetz der Welt: was morsch ist, das zerbricht."

Hoho, Herr Bernhard von Barcelona! Nicht so hitzig! Was ist denn morsch in der Welt? Welches Prinzip vertreten Sie denn? Welches Schicksal der Welt knüpft sich denn an Ihre werte Persönlichkeit? Belieben Sie den Alexander oder Cäsar zu spielen? Möchten Sie uns nicht vielleicht sagen, woraufhin denn! Das ist doch etwas sehr knabenhaft, sich so ohne Weiteres darauf zu capricieren, ein bischen deutschen Kaiser zu spielen, weil man eben einen Sieg über die Saracenen davongetragen! Wir werden also diesem tollkühnen Jüngling von nun an etwas schärfer auf die Finger sehen müssen!

So weit die Exposition, die also nichts weniger als tüchtig ist. Denn die Conflicte sind nicht natürlich sondern gemacht.

Aber sei's drum! Wir sind gespannt, wie sich dieses alles entwickeln wird. Was beginnt Bernhard? Wie wird sich die Kaiserin aufführen, was wird Ludwig beschließen, wie sich die Söhne verhalten? Was wird aus Hamatelliva und Karl?

Im zweiten Akt wird der Reichstag zu Worms gesprengt und zwar durch Bernhard, der im ersten zum Lohn für seinen Sieg so beiläufig zum Kämmerer des Reichs ernannt wurde. Er entlarvt die Karolinger, die er des Verrats bezichtigt und verhilft Karl dennoch zu einer Krone, nämlich der „vom Haupte der Saracenen entrissenen", die er dem Kaiser zum Geschenk anbietet. Und darum Mord und Todschlag! Das hätte er nicht ohne dies auch gekonnt? Doch um von dem Verrat der Söhne zu erfahren, giebt er die Maurin preis, die er im dritten Akt heimtückisch niederstößt, weil sie sein tête à tête mit der Kaiserin belauscht hat. Die Kaiserin wird verführt und der Kaiser vergiftet auf Anstiften Bernhards. Karl erfährt von dem Treubruch seiner Mutter, und so haben wir denn zu der Überfülle von Conflicten einen neuen zwischen Sohn und Mutter, der indeß durch die Worte Judiths sehr bald beigelegt wird, denn: „darfst Du der Richter Deiner Mutter sein?" Inzwischen hat einer der Söhne, Pipin, dem Dichter den Gefallen gethan, vom Pferde zu stürzen und sich abzurollen, wo-

durch denn das eine Drittel des Reichs für Karl frei wird. Bernhard
aber dessen edlen Thaten noch einige Meineide beizuzählen sind,
fällt durch den Spruch der Kaiserin selber. Er stirbt mit der Miene
gekränkter Unschuld, indem er ausruft:

> Zerrissen von der Karolinger Meute —
> Die Flammen, die die Welt durchloderten
> Erstickt vom Schwalle der Alltäglichkeit!"

Was er außer seinen elenden Gaunerstreichen sonst noch auf Erden
gewollt, das hat er uns aber wolweislich, vermutlich in edlem Stolze
verschwiegen! Ein sauberer Held das!

Vernünftig gefügt ist also die Handlung nicht, entwickelt sie sich
wenigstens notwendig? Aber nein, aus lauter Zufälligkeiten setzt
sie sich zusammen. Ein Zufall ist es, daß Bernhard die Stimmung
am Hofe erfährt und zwar ein recht plumper Zufall. Denn die Karolinger verhandeln ganz wolgemut über die staatsgefährlichsten Dinge
in seiner Gegenwart, ohne sich zu versichern, daß sie auch unbelauscht
sind. Einem doppelten Zufall verdankt Bernhard die Möglichkeit, den
Reichstag zu sprengen. Denn er mußte zufällig vorher Kämmerer
werden, ein Posten, der doch nicht im letzten Augenblick vor Beginn
des Reichstags besetzt zu werden pflegt. Und einem Zufall verdankt
er die Kunde vom Verrat der Karolinger. Den zwei zufällig des
Weges ziehende Mauren, die Hamatellima heimführen wollen, trägt
Pipin eine Botschaft an seine Brüder auf. Und sie verraten natürlich
ihren Auftrag an Bernhard, der ihnen für diese Kunde die Maurin
verschachert. Durch einen Zufall entdeckt diese sein Verhältnis zu der
Kaiserin, und Karl würde sicherlich hinter die Schliche Bernhards schon
vor der Zeit gekommen sein, wenn nicht gerade zur rechten Zeit der
Krieg zwischen dem Kaiser und seinen Söhnen ausgebrochen wäre.
Der Ausgang des Dramas ist also die Folge eines wahren Bündels
von geradezu lächerlichen Zufälligkeiten.

Und was dem Zufall nicht entspringt, das entspringt der
Dummheit der Helden. Ein Verschwörer bedient sich da zweier Sa-
razenen, dieser von den Christen so mißachteten Ungläubigen, um seine
Brüder von seinen Plänen zu unterrichten. Und Bernhard, dieser
famose Held, der sich als das Schicksal der Karolinger aufspielen möchte,
läßt das Gift, mit dem er den Kaiser tötet, von niemand anders
mischen, als von Abdallah, dem Begleiter seiner verstoßenen und heim=
tückisch ermordeten Geliebten!

Der Zufall und die Verblendung der Helden spielen bei Wil-

denbruch auch sonst stets eine Hauptrolle. Einem Zufall verdankt
Harold, einem Zufall die Kaiserin im „Neuen Gebot" ihre Rettung.
Und wenn der Zufall nicht eine so große Rolle spielte in der Welt,
so wäre der Marlow schon nach der zweiten Scene zu Ende.

Die Handlung in den Wildenbruchschen Dramen entwickelt sich
rückweise, nicht auseinander, sondern in epischer Manier nacheinander.
Von Akt zu Akt fügt er neue Conflicte ein, jeder Akt bildet ein Drama
für sich mit eigener Exposition; etliche Dramen wie „der Marlow"
und „Väter und Söhne" klaffen in der Mitte geradezu auseinander.

Seine Personen läßt der Dichter auftreten und wieder verschwinden, wie er sie gerade braucht. Die Handlung spielt sich an Orten
ab, wo sie sich im Leben nie hätte abspielen können. Nichts bezeich-
nender hierfür als der dritte Akt der „Karolinger". Ort der Handlung: Schlafkabinet des jungen Prinzen. Was trägt sich hier nicht
alles zu! Hier hat Judith mit Bernhard ein Rendez-vous, hier
erscheint die maurische Gesandtschaft, hier wird Hamatelliva ermordet,
hier sagen die Herolde dem Kaiser den Krieg an. Und das nennt
man, sich mit sicheren Schritten über alle Schwierigkeiten hinwegsetzen!
Ja, dann kann schließlich auch ein Dichter den siebenjährigen Krieg
in den Vereinigten Staaten von Nord-Amerika sich abspielen, und
Sokrates seine Verteidigungsrede im Kammergericht von Berlin halten
lassen u. s. w.!

Ferner hält Wildenbruch es nicht mehr für notwendig, seinen
Dramen einen einheitlichen Helden zu geben. Die „Karolinger" haben
deren drei (Bernhard, Judith und Karl), Väter und Söhne sogar
vier, in jedem Akt einen andern, gerade wie der „Fürst von Verona".
Die vierten Akte schenkt sich der Dichter gewöhnlich. — —

Als der Harold erschien, herrschte nur noch eine Stimme in der
Presse und im deutschen Publikum: Man mag im Einzelnen über
Wildenbruch benken, wie man wolle, das muß jedermann zugeben,
daß er ein großer Dramatiker ist. Hier ist wieder Handlung, dramatisches Leben, hier ist Leidenschaft, hier ist Kraft!

Allein man braucht nur näher hinzublicken, um zu erkennen, daß
der Harold und alle andern Dramen Wildenbruchs auf den Ehrentitel
handlungsreicher Stücke keinen Anspruch erheben dürfen, und daß sie, was
dramatisches Leben anbetrifft, geradezu armselig sind. Denn was heißt
dramatische Handlung ja, was heißt Handlung überhaupt anders als
die einem energischen Willen entstammende, in der Leidenschaft voll-
brachte und mit Bewußtsein ausgeführte That! Denn wo diese Grund-

bebingungen ber Hanblung fehlen, ba fehlt bie Verantwortlichleit, ba fehlt bie tragifche Schulb bes Helben.

Nun find Wilbenbruchs Dramen zwar allefammt reich an bunten Vorgängen, aber gehanbelt wirb nicht. An auftretenben Perfonen mangelt es ihnen nicht, wohl aber an bramatifchen Helben. Die „Hanblung" bes „Harolb" fpielt abwechfelnb in Englanb unb ber Normanbie. Die Mutter Harolbs trauert auf ihrem Wittwen= fitze zu Dover um ihren Gatten, ben letzten Angelfachfen, ben Hort ber angelfächfifchen Freiheit. Wie fehr biefe letztere bebroht ift, erfah= ren wir burch Erzählungen. Erzählt wirb uns auch von ben Hel= benthaten Harolbs, in bem fich noch einmal alles, was bie Angel= fachfen an ihren Fürften liebten unb verehrten, zu vereinigen fcheint. Bürger aus Dover erfcheinen unb flagen über Mißhanblungen, bie fie von ben Normannen erfahren. Der König felbft melbet feinen Befuch auf bem Schloffe Harolbs an. Bei biefer Gelegenheit wirb biefer wie Kent im „Lear" wegen feiner fühnen Sprache bem fchwachen Könige gegenüber in ben Bann gethan, fein junger Bruber Wulfnoth als Geißel gefangen genommen. Harolb verfpricht, ihn zu erretten, feine Mutter fchleubert bem Könige à la Elifabeth in Richarb III. wilbe Flüche nach, unb ber erfte Akt ift aus. Gehaubelt hat alfo niemanb außer bem Könige, unb biefer allein aus Furcht vor bem „Helben" unb gebrängt von ben ihn begleitenben Normannen. Der zweite Akt wirb eingeleitet burch bas Spiel ber Tochter bes Nor= mannenherzogs, Abele, mit ihren Damen. Diefem hat König Eduarb inzwifchen ben gefangenen Wulfnoth übergeben unb bie Krone ber Angelfachfen verfprochen. Er erfcheint im Parke zu Rouen unb ver= traut ben Knaben feiner Tochter an.

Abermaliger Scenenwechfel. Wir finb in Lonbon, im Königs= Palaft. Die Bürger von Dover follen eben hingerichtet werben. Da ftürmt Harolb herein — er hat, fo wirb uns erzählt, unb weshalb follten wir baran zweifeln? es ift uns ja fchon einmal erzählt worben, baß er ein tapferer Rede vor Gott bem Herrn ift — inzwifchen Lonbon im Hanbftreich genommen unb bie Bürger nach Märchenart noch im rechten Augenblick, als fchon ber Henker ben Strick um ihren Hals gelegt, befreit. Er forbert Wulfnoth. Kaum hat er erfahren, wo er fich befinbet, fo ftürmt er wieber fort, um ihn heimzuführen; unb abermals ift ein Akt zu Enbe. Harolb ift in ber Normanbie. Man lauert ihn auf, unb ficherlich wäre er, ber Einzige, ber Banbe ber Verfchwörer erlegen, wenn nicht zufällig auch Abele

mit Wulfnot sich im selben Walde befände, und so aus Galanterie gegen
die Dame einstweilen Abstand von allem Weiteren genommen wird.
Ein Tournier wird gehalten. Harold will nicht teilnehmen, sondern
abziehen. Herzog Wilhelm aber hat gemerkt, daß zwischen den jungen
Leutchen nicht alles ganz richtig ist und inscenirt folgendes Intriguenspiel:

> „Wenn Du die Tochter Wilhelms lieben kannst,
> Warum denn kannst Du Wilhelms größren Plan
> Nicht lieben, Harold, und ihm dienstbar sein?"

Er verspricht unserem Helden seine Tochter, diesen seinen klei-
neren Plan, wenn er ihm beschwören wolle, ihm zu dem zu ver-
helfen, was ihm von Eduard versprochen sei. Und Harold? Er fragt
nicht, besinnt sich nicht, sondern schwört lustig drauf los, bis er, natürlich wieder durch einen Zufall, erfährt, was er beschworen, und
nun ist der Jammer da. Ein großer, aber ebenso abgebrauchter, als
in diesem Falle unwahrer dramatischer Conflict ist geschaffen. Denn
ist die Liebe dem Sprichwort zufolge gleich blind, so verstockt und
tölpelhaft pflegt sie sich denn doch für gewöhnlich noch nicht zu ge-
berden. Harold rast und flieht, natürlich ohne seinen Bruder. Der
Vorhang fällt. Siehe da, was geschah! Ein lächerlicher Eid, ein
tölpelhaftes Intriguenspiel und ein wenig Geschrei! Handlung aber,
dramatische Handlung? Allein das Drama beginnt ja hier erst, also
vertrösten wir uns auf den vierten Akt. Im Schloß zu London
treffen wir den Helden wieder. Er tritt auf „bleich, verstört, ohne
Kopfbedeckung, das Haar hängt wirr herab, sein Mantel ist zerrissen."
Mit Wind und Wellen hat er gekämpft. Natürlich, sonst würde er
ja nicht so aussehen! Er redet dem König ins Gewissen. Seinen
Eid will er brechen, natürlich. Gott wird ihm schon verzeihen, denn
er wußte ja nicht, was er that. Dem König kommt dies aber ganz
ungeheuerlich vor. „Giebts solchen Muth!" ruft er aus. Dann bist du
der rechte Mann, die Angelsachsen zu regieren. Und er überträgt die
schon einmal verschenkte Krone an Harold. Jener stirbt, dieser ladet
den Fluch des Papstes auf sich. Die Normannen kommen über's
Meer, er muß in die Schlacht. Sein Muth hat keine Grenzen, er ist
ja der Held des Stückes. Er „schwingt seine Arme" (wörtlich so steht
es im Text) und schreit also:

> „Zwei Löwen habe ich in meinem Dienst
> Mit ihnen, Wilhelm, springe ich dich an (springe ich dich an!)
> Und morde dich inmitten deines Heeres!"

Zwischen dem vierten und fünften Akt liegt die Schlacht bei Hastings. Man sieht Adele über der Leiche (?) Wulfnoths wahnsinnig, die Mutter Harolds auf dem Schlachtfelde ihren Sohn suchen. Das Stück ist aus.

So sind denn die Dramen Wildenbruchs trotz der Masse wirrer Vorgänge arm an Handlungen. Die Helden handeln nicht, sondern lassen die Dinge an sich herantreten; sie lassen sich verführen wie die jungen Mädchen. Handeln sie einmal, so wissen sie nicht, was sie eigentlich thun, handeln sie aber wirklich schon einmal mit Bewußtsein und aus eigener Initiative, so geschieht es hinter der Scene, und wir müssen es auf Treu und Glauben hinnehmen. Wollen nun endlich die Helden dennoch vor unseren Augen handeln, wie Reinhold im „Menonit", so werden sie durch ihre Umgebung daran gehindert. Im Allgemeinen aber thun sie nur, was sie nicht gewollt, und was sie gewollt, das können oder führen sie wenigstens nicht aus. So will Harold seinen Bruder heimführen, thut es aber nicht, er will sein Volk befreien, kann es aber nicht. Marlow will die Tochter seines Pflegevaters nicht entführen, er will nur Abschied von ihr nehmen, entführt sie aber gleichwohl. Winmar-Knecht im „Neuen Gebot" will von seinem angestammten Könige nicht lassen, muß es aber dennoch thun, weil es ihm der Papst gebietet. Die Königin will er nicht retten, er thut es aber, weil sie gesegneten Leibes ist u. s. w. Der alte Jngersleben wollte nicht den Tod des Deserteurs.

„Wer dacht auch gleich, daß er dran sterben würde?"

Einen eigenen Willen kennen des Dichters Helden gar nicht; wo sie handeln, da geschieht es im Auftrage Höherer, eines Priesters, ihres Herrn u. dgl. m. So tötet Skaramello im „Fürsten v. Verona" sogar seine Geliebte auf Gebot seiner Herrin, der Gräfin Adelaide.

Es ist kein Zweifel, daß das einzige Drama Wildenbruchs, das, consequent durchgeführt, einen einheitlichen Helden hat, der „Harold" sein innerlich ein unwahrstes und hohlstes Werk geworden ist. Denn Wildenbruch gesteht als echter Sohn Preußens dem individuellen Willen gar keine Berechtigung zu. Die wahrsten und ergreifendsten seiner Gestalten werden vom Schicksal, von ihrer Zeit zermalmt. In seiner Novelle „die heilige Frau" kommen einmal die charakteristischen Worte vor:

„In süßem Kindestraum befangen, hatte sie des Weges nicht geachtet und war auf das Schienengeleise geraten, wo sie zertreten werden mußte."

Das ist das unausgesprochene Grundmotiv in allen Dichtungen
Ernst v. Wildenbruchs. Passive Helden können aber keine dramatische
Helden sein. Es hat seinen guten Grund, daß es noch nie einem
Menschen eingefallen ist, den „Dulder" Odysseus zum Helden eines
Dramas zu machen.

Und wo keine Handlung, da ist auch kein dramatisches Leben.
Denn nur Handlungen haben ihre Geschichte, nur sie entwickeln sich,
durch sie allein kommt Bewegung in die Massen. Thatsachen aber
sind immer rein äußerlich, sie haben kein inneres Verhältnis zu den
Helden und bilden kein organisches Glied in der Kette des Ganzen.
Durch Handlungen schreitet die Fabel fort, durch Thatsachen bleibt sie
stehen. Wie schon an einer andern Stelle, müssen wir auch hier Ernst
von Wildenbruch als einen Dichter des Conservatismus charakterisiren,
dort des politischen Conservatismus, hier, was weitaus bedenklicher,
des dramatischen Conservatismus. —

Sehr früh sollte Wildenbruch erfahren, welch ein Fluch für
einen Dichter die Bewunderung ist, wo das Verständniß fehlt. In
seinen patriotischen Dichtungen hatte er nach einem nationalen Styl
gerungen und in „Väter und Söhne" sogar ein eigenartiges und
tiefes Problem erfaßt. Seinen beiden hohlsten Dramen, den „Karo=
lingern" und dem „Harold" aber war es allein vorbehalten, ihm Anerkennung und Erfolg zu verschaffen. Nun glaubte er aber berühmt
genug geworden zu sein, um wieder ein Anrecht auf Originalität und
Tiefe zu haben und schuf seinen Christoph Marlow, der Anlage nach
unzweifelhaft das Bedeutendste, was wir bis jetzt von Wildenbruch
besitzen. Allein es zeigte sich, daß dieses Recht in unserer Zeit der
allgemeinen Mittelmäßigkeit nicht einmal der berühmteste Dichter für
sich in Anspruch nehmen darf.

Als der Marlow im Herbst 1884 im Kgl. Schauspielhause zu
Berlin in Scene ging, da fühlte man sich allgemein enttäuscht.
Zweierlei merkte man dem Dichter übel an: Erstens, in diesem
Drama kämpft Wildenbruch einmal nicht mit Waffen und gegen Ritter
oder bestenfalls gegen die Franzosen der Napoleonischen Zeit,
sondern mit Worten gegen die Jämmerlichkeit unserer litterarischen
Zustände, und insbesondere gegen die moderne deutsche Kritik.
Das war wider die Verabredung! Zweitens fand man das Motiv
des „Marlow" unerlaubt, gemein, ja was noch viel schlimmer und
unverzeihlicher, geradezu „anstößig". Und ist es nicht die Grund-

bebingung eines Dichters, der nicht aus der Mode kommen will, nirgends „Anstoß zu erregen"!

Was aber das Motiv des „Christoph Marlow anbetrifft, so geschah dem Dichter bitter Unrecht. Ob gemein oder nicht gemein, darnach hat die Kritik in erster Linie gar nicht zu fragen; denn es giebt einfach kein Problem, das der Dichter nicht darzustellen berechtigt wäre, wenn es nur wahr und überzeugend geschieht! Wenn man die Ansichten über Marlows Neid gegen die Erfolge Shakespeares las oder hörte, so konnte man sich wahrhaftig glücklich preisen über die goldene Zeit, in der Cliquengeist und Eigennutz nur noch Begriffe sind, die man höchstens der Vokabel nach kennt. Noch nie ist ein Dichter, Künstler oder Gelehrter, der wie Marlow zu Beginn des Dramas als der Größte in seinem Lande, und zwar mit Recht, gilt, freiwillig vom Thron gestiegen, um einer neuen Größe den Platz zu räumen! Oder sollte es wirklich keinen deutschen Dichter und vollends keinen einzigen deutschen Rezensenten geben, der nicht, wenn solches sich heute zugetragen hätte, einem Shakespeare sofort bei seinem Auftreten alle Hochachtung, ganzes Verständnis und volle Liebe entgegengebracht hätte! Ward solches beneidenswerte, oder vielmehr nichts weniger als beneidenswerte Schicksal einem Richard Wagner, einem Henrik Ibsen zu teil? Also wozu die Heuchelei? Es ist nur natürlich, es ist nur zu wahr, was der Dichter hier seinen Helden empfinden läßt. Marlow kommt nach London mit seiner entführten Geliebten als gerade „Romeo und Julia mit beispiellosem Erfolge aufgeführt wird. Niemand kennt den Verfasser, man hält unsern Helden dafür. Leonore glaubt ihr eigenes Schicksal in der Liebestragödie verherrlicht zu finden — denn die Liebesepisode ist ziemlich stark der Shakespeareschen nachgebildet, selbst eine Balkonscene finden wir hier. Alles drängt sich um Marlow, man vergöttert ihn; nur er allein weiß, daß er das Drama nicht nur nicht geschrieben hat, er hätte es niemals schreiben können. Denn das ist nicht nur etwas relativ Größeres, als die Geschöpfe seiner Muse, es ist etwas Neues, Ungeahntes. Eine eigene, eine fremde Welt geht ihm auf, deren Gesetze nicht die seinigen sind, aber gegen deren Schönheiten er sich nicht verschließen kann. Ist das Poesie, so ist alles das, was er und seine dichterischen Genossen geschaffen, elende Stümperei! Hier heißt also anerkennen, sich selbst das Todesurteil schreiben. Und was in seiner Brust vorgeht, ist nichts andres als der gewaltigste Kampf, den eine große, freie, aber zugleich lebensvolle Individualität bestehen kann. Der Kampf zwischen Anerkennung und Selbsterhaltungstrieb, zwischen Bewunderung und kleinlicher Eitelkeit!

Tiefere Einsicht in die Dichterpsychologie würde uns ähnliches vielleicht in jeder Dichtereriftenz zeigen. Mit solchen Empfindungen stand Ferdinand Raimund Grillparzer gegenüber. Ja selbst Schiller, dieser Ideal-Mensch unter den deutschen Dichtern, an dessen reiner und edler Gesinnung gewiß doch noch Niemand ernstlich gezweifelt hat, und auf den bekanntlich Göthe die schönen Verse dichtete:

> „Und hinter ihm im wesenlosen Scheine
> Lag, was uns alle bändigt, das Gemeine" —

eben dieser Schiller schreibt einmal an seinen Freund Körner über eben diesen Göthe:

> „Eine ganz sonderbare Mischung von Liebe und Haß ist es, die er in mir erweckt hat, eine Empfindung, die Derjenigen nicht ganz unähnlich ist, die Brutus und Cassius gegen Cäsar gehabt haben müssen; ich könnte seinen Geist umbringen und ihn doch wieder von Herzen lieben."

Wildenbruch hat also auf den Ruhm Anspruch, eines der tiefsten und edelsten Probleme in seinem Drama behandelt, wenn auch nicht den Ruhm es zuerst erfaßt zu haben. Ludwig Tieck's Novelle „Dichterleben" („Urania" 1826) ist seine Quelle gewesen, deren Schluß er namentlich stark, teilweis sogar wörtlich benutzt hat. Aber das mochte noch hingehen! Indeß während Tieck sich in seiner feinsinnigen Dichtung in das Seelenleben seines Helden vertiefte und durch Wahrheit der Darstellung ergreifend wirkt, sieht Wildenbruch sich seiner Aufgabe ratlos gegenüber und artet schließlich in Rohheiten und Trivialitäten sonder Gleichen aus, sodaß er es selbst war, welcher seinen Gegnern die Waffe in die Hand gab. Denn Wildenbruch erfaßt zwar in seinen Dramen oft tiefe und ergreifende Konflikte, etwas von der Begeisterung, mit der er dichtet, geht zuweilen in die Dichtung selbst über, wie namentlich im „Mennonit", allein, woran es ihm gänzlich gebricht, das ist die Darstellungsgabe. Seiner Sprache fehlt jegliche Wahrheit und Originalität.

Anstatt uns wie Tieck die Gemütsstimmung seines Helden zu vergegenwärtigen, schildert er uns einen aufgeblasenen, an Größenwahn laborierenden, rohen und gerade nicht sehr intelligenten Menschen. Schon die famose Art, wie ihn der Dichter einführt, fordert unsere ganze Bewunderung heraus; Marlow, im Streit mit zwei Dienern, die er schmäht, weil sie von dem „Dichter ihres Volkes" respektswidrig geredet. Denn

> „Wer nicht den Dichter seines Volkes liebt,
> Der ist ein Tier." —

Als er erfährt, er gelte allgemein für tot, weil man ihn in der Schlacht von Grevelingen fallen gesehen, da meint er: A bah! Kann mir nicht passieren! „Die Natur ist sparsam mit ihren großen Geistern." Später geht er mit einem Stuhl gegen „Rasch den Rezensenten" los, von seinem Freunde Green spricht er zu seinen Kollegen „schändlich", und der Kämmerer der Königin scheidet schließlich von ihm mit den Worten:

„Den Dichter suche ich und ich fand — ein Tier" u. s. f.

Bis auf wenige glückliche Griffe in den leitenden Motiven herrscht in Wildenbruch's Dramen absolute Leere an geistigem Gehalt. Was uns als gedanklicher Inhalt gelegentlich aufstößt, ist, bei Lichte besehen, Phrase und Bombast. Und leerer noch sind sie auch an wahren menschlichen Empfindungen und Leidenschaften. Für sie fehlt Wildenbruch einfach jedes Organ. In den eigentlich dramatischen Elementen, in den dramatischen Höhenpunkten läßt er seinen Helden verstummen, verschwinden oder wahnsinnig werden, bestenfalls in wüstes Toben ausbrechen. Der ergreifendste und einzig wahr gedachte Moment in den „Karolingern" ist der, in welchem der junge Karl von der Treulosigkeit seiner Mutter erfährt. „Aufschreiend" „bricht er in die Kniee" und ruft aus:

„Hier kommt etwas
Das wie der Wahnsinn aussieht!"

Und noch charakteristischer die Stelle im „Harold", in welcher dieser den Sinn seines Schwurs erkannt. Auch er „bricht zur Erde" und schreit aus voller Heldenkehle:

„Zerreiße Erde! Sonnenglanz, lisch aus!
Verrath! Verrath! am Allerheiligsten!"

„springt auf und geht wie taumelnd nach rechts ab". Als er wieder auftritt, dunkelt es bereits, er jammert also:

„Verbirg mich Nacht, du Hehlerin des Frevels.
Zerfließt Gedanken in ein graues Nichts,
Werdet nicht deutlich; Klarheit wäre Tod."

Das heißt die Sprache der Leidenschaft reden. Und von dieser Sprache sagt Rudolf von Gottschall, sie sei die Sprache echter dichterischen Inspiration, sie wird in den „Grenzboten" über diejenige Kleist's gestellt. Wimar-Knecht vollends, als er den Fluch des Papstes gegen das Weib vernommen, ruft aus;

„Rede niemand — niemand — niemand!"

Vielleicht huldigt Wildenbruch der Anschauung jenes Liedes, das da sagt: der tiefste Schmerz hat keine Lieder, die höchste Lust hat

keinen Laut! Allein für den Dramatiker sind die Gefühle und Leiden=
schaften, für die es keinen Laut giebt, das Noli me tangere!
Die Gestalten die uns Wildenbruch vorführt, sind sämtlich die
alten Theaterfiguren. Durch keinen originellen Charakter bereichert und in
der Darstellung entsetzlich schablonenhaft. Etwa vier Gruppen finden
wir in allen seinen Dramen, Helden und Liebhaberinnen, alte Väter
und Intriganten. Zur ersten Gruppe gehört Harold, Marlow u. f. w.
Sie sind alle aus demselben Holze geschnitzt: roh, plump, aufgeblasen,
dabei unfähig zu handeln. Seine Liebhaberinnen sind die Ver=
klärung unserer sogenannten höheren Tochter, sehr gebildet und wohl
erzogen: Adele Leonore Selvaggia u. f. w. Wie artige Seelchen das
sind, das ist garnicht zu beschreiben. Leonore im Begriffe sich von
Marlow entführen zu lassen, stellt noch einmal im entscheidenden
Augenblick die gewissenhafte Frage: Muß es sein? Dieselbe putzig=
dumme Frage stellt auch Selvaggia an ihren Vater, da ihr ein ver=
haßter Mann aufgezwungen werden soll. Ganz so hat sich auch eine
Julia benommen, die Wildenbruch doch so oft nachzubilden versucht
hat! Was ist mir Montague? u. f. w. Jeder kennt den berühmten
Monolog. „Muß es sein!" O höhere Töchter! Wer wollte noch be=
haupten, junge Mädchen dürften nicht ins Theater gehen!
Was die Intriguanten, die sogenannten dramatischen Gegen=
spieler, anbetrifft, so müssen wir zwei Gattungen unterscheiden, die
gewissenlosen Schufte wie Bernhard von Barcelona, den wir bereits
gewürdigt haben, und Herzog Wilhelm, der freilich sittlich schon
dadurch höher steht, weil er sich dem tölpelhaftesten Buben gegen=
übersieht und als Staatsmann eben jeden Vorteil wahrnehmen
muß. Die andere Gattung sind die Verschwörer, die Korolinger,
die Normannen, die sächsischen Großen, die sich meist um einen Helden
gruppieren, der der Ausbund aller Roheit und Gemeinheit ist. Lothar,
der den jungen Karl mit den Worten empfängt: „Die Augen aus dem
Kopf laß ich Dir stechen", Euftach im Harold, der den alten König
„in Stücke hauen" will, oder Katlenburg im „Neuen Gebot", der sich
an der schwangeren Königin vergreifen möchte. Ihnen gegenüber stehen
freilich edlere Gestalten wie Ludwig und Otto von Nordheim.
Rein äußerlich ist die Charakteristik bei Wildenbruch. Sie
besteht einfach darin, daß der eine „nein", der andere „ja" sagt.
Will Lothar seinem Bruder die Augen ausstechen, so thut Ludwig den
klassischen Ausspruch: „Er ist nicht schuld, daß er geboren wurde, quäle
ihn nicht!" Nirgends individualisierte Gestalten, alles ohne Leben und Blut,

willenlose Wesen, die wie die Marionetten am Drahte zappeln! Pappfiguren, aber keine Menschen.

Von den Unnatürlichkeiten und Geschmackswidrigkeiten der Wildenbruch'schen Sprache nur wenige drastische Beispiele: Valentine Bergmann hat „eine Witterung im Herzen, die (ihm) verrät, wenn (seine) Kinder sterben". Als Harold seine Mutter auf die Frage, wo ihr jüngster Sohn, die Antwort schuldig bleibt, schildert der Dichter folgender Art die schreckensvolle Ahnung, die in ihr auftaucht:

> „Steinerne Lippen, sprecht — wo ist mein Kind?"
> (Sie tritt entsetzt zurück.)
> Schirmer der Menschen, schütze mich vor Wahnsinn!"

Will der Dichter den Ehrgeiz, der Bernhard von Barcelona beseelt, schildern, so leiht er seinem Helden folgenden Ausdruck.

> „Bernhardt (betrachtet seine Hand)
> Betracht ich's recht, so gleicht die Hand des Menschen,
> Wenn sie die Finger ausstreckt einer Spinne —
> Ein Griff — sie hält — und läßt nicht wieder los." u. s. w.

Geschmacklosigkeiten und Rohheiten sind freilich oft die Folgen ungezügelter Phantasie. Aber Wildenbruch ist auch nicht selten entsetzlich banal und nichtssagend. Die Redensart: „Jetzt versteh' ich dich nicht!" findet sich unzählige Male in seinen Dramen und meist in Momenten, in denen die dramatische Situation ihren Höhepunkt erreicht hat. Oder „Mich warnt etwas," „Doch etwas ist in Euch," „Bis zu dieser Stunde war etwas in mir," „Das ist schlimmer als ich dachte" u. s. w. Die Unfähigkeit Wildenbruchs einen originellen, charakteristischen oder ergreifenden Ausdruck zu finden, dokumentirt sich bei jeder Gelegenheit. Skaramello z. B. findet seine Braut in den Armen seines Feindes. Er ist auf's Tiefste erschüttert, sein Schmerz gipfelt in dem Ausdruck: „Das — ist furchtbar." Dagegen werden die einfachsten und gleichgiltigsten Dinge mit einer Feierlichkeit verkündigt, wird das Selbstverständlichste mit einem Aufwand von Pathos gesprochen, daß man gar nicht seinen Augen traut, wenn man die Dramen Wildenbruch's daraufhin sich einmal näher ansieht. So wenn Wimar=Knecht in salbungsvollem Priesterton erklärt:

> „Die Welt hat zwei Gesichter: Tag heißt das eine, und das andere Nacht."

Das ist überraschend neu! Aber selbst an stilistisch fehlerhaften Sätzen, an Wendungen und Bildern, die in diesem ihren bestimmten Zusammenhang geradezu Unsinn bedeuten, fehlt es nicht: In der Vorrede zu den „Karolingern" ist davon die Rede, daß nur derjenige es wagen

dürfe, die eigenen Gestalten zu vernichten, „der das Feuer des Prometheus in seiner Hand empfindet." Ganz schön, wenn er sich dabei
nur nicht die Finger verbrennt.

In der Erzählung „Der Letzte" heißt es einmal: „Ich ahnte,
daß der Naturlaut der Verzweiflung, der aus dieser Kindesseele hervor-
brach, viel klüger war als alle meine Vernunftgründe." Hier soll schon
der Naturlaut klüger sein als unsre Weisheit! Anstatt, was der
Dichter unzweifelhaft gemeint hat, daß der Naturlaut vernehmlicher
und ergreifender den Schmerz des Kindes dargethan habe, als es
Vernunft und Weisheit jemals auszudrücken vermögend sein werde!
Und im „Harold" stoßen wir auf folgende Apostrophe:

> Ein jeder Funke still verborgenen Grolls
> So tausendfach durch dieses Volk verstreut,
> Bläst sich, auf Euch vertrauend, zur Flamme an.

Man denke! Ein Funke, der sich vertraut! Da möchte man wahrhaftig mit Leonore ausrufen: „Himmel thu dich auf," um dieses Wunder
zu schauen!

Originell ist die dramatische Sprache Wildenbruchs nur nach einer
Richtung, nämlich überall da, wo ein gewisser schneidiger Ton ange-
bracht ist, wie der in der ersten Scene des „Neuen Gebot," wo Reginer in
einiger Kälte mit Reisigen kommt, und seinen Mitbürgern die Mähr
von dem Aufstand der sächsischen Großen erzählt:

> „Da bring' ich Euch Reiser, da bring' ich Euch Zweige! Klopft sie
> Euch ab, denn der Winter hat Euch einen Schnee-Pelz angezogen! .. Die
> Zeit ist gekommen, da Pelze geklopft werden und Wämmser und Rüden
> darunter!"

An solchen Stellen fehlt es Wildenbruchs Sprache auch nicht
an innerer Wahrheit. —

So wie seinem Objekt nach so ist der „Christoph Marlow" auch,
was den zweiten Punkt des Angriffs anbetrifft, nur halb zu ver-
theidigen. Wildenbruch hatte ein Recht daran, sein Thema so zu wählen,
wie er es that. Doch an der Ausführung ist er gescheitert. Auch das
Recht auf zeitgemäße Verhältnisse anzuspielen, durfte ihm hier um so
weniger verwehrt werden, als sich diese Beziehungen zwanglos ergaben,
und der Dichter doch sozusagen nicht für Shakespeares, sondern für
seine eigenen Zeitgenossen geschrieben hat. Recht charakteristisch aber
war der Vorwurf, den man Wildenbruch gemacht, wie er denn dazu
komme, gegen unsere Kritik anzukämpfen, deren Schooßkind er ja sei.
So! deshalb soll er nicht ihre Schäden eben so gut einsehen wie jeder
Andere! Und ist Wildenbruch auch in den letzten Jahren von der
Kritik verwöhnt worden, so hat er doch Jahrzehnte gerungen, ehe er

überhaupt hervorgetreten! Ihm ist vielleicht am bittersten von unserer Kritik mitgespielt worden! Erst mißachtet und todt geschwiegen und dann gelobhudelt, kann es etwas Kränkenderes für einen ernsthaft strebenden Mann geben? Es giebt Künstlernaturen, denen Lob nur in der Jugend frommt, wenn sie noch ermuntert sein wollen. Was soll dem Manne das Spielzeug, das ihn als Kind entzückt hätte! Er will verstanden und gewürdigt werden. Zu diesen Naturen glauben wir auch Wildenbruch zählen zu müssen. Alle Bewunderung von heute kann ihm die Jahre der Entwicklung nicht ersetzen, um die ihn die Gleichgiltigkeit unseres Publikums unwiederbringlich gebracht hat.

Indeß gegen die Szenen im Foyer, in denen Marlow's Kollegen gegen diesen eine nichtsnutzige Intrigue spielen, ist Zweierlei einzuwenden: erstens sind sie einem Theile seines Dramas eingefügt, in dem sie nur die Aufmerksamkeit des Zuschauers von dem tiefen Seelenkonflicte des Helden ablenken; zweitens aber — jenes kann uns ja nicht mehr wundern, nachdem wir gesehen, daß Wildenbruch innere Seelenkämpfe nicht zu schildern im Stande ist — nur mit Witz und Humor behandelt, wären diese Scenen erträglich gewesen. Denn nur Witz und Humor allein sind das Zeichen für die Ueberlegenheit des Dichters über die Situation. Doch die Gabe des Witzes oder vollends des Humors ist Wildenbruch nicht verliehen. Wohl besitzt er, wie schon seine im vorvergangenen Jahre erschienenen Sammlungen von Humoresken beweisen, die Fähigkeit drastischer Situationskomik, weshalb auch jene Scenen der komischen Wirkung nicht entbehren. — Allein nichts für unsre Zeit Individuelle wird dargestellt, dagegen wird weiblich auf Kritik und Kritiker geschimpft:

> „Kaltnäs'ger Hund von einem Rezensenten,
> Dich ärgert sein Triumph."

und:

> „O du Gestank in edler Dichternase,
> Du Tintenklex auf sauberem Gedicht,
> Du Warze in dem Angesicht der Schönheit,
> Mit einem Wort: Nah, Du Recensent" u. s. w.

Niemand wird behaupten können, daß diese Verse sehr geist- oder geschmackvoll seien. Also: nicht für die Hiebe die der Dichter den deutschen Recensenten austheilt, (wann hätten diese sie nicht reichlich verdient!), sondern nur dafür ist er zu tadeln, daß er sie alle in die Luft gethan!

Der Zwiespalt zwischen Wollen und Können ist bei Wildenbruch aber tief begründet. Das psychologische Gesetz hierfür kann der tiefer

Blickende gleichfalls aus dem Christoph Marlow ablesen. — Aus ihm
spricht sich eine geradezu unnatürliche Liebe zur Dichtkunst aus, eine
Ueberschwänglichkeit, wie sie ein großer Dichter gewiß nie gehabt, eine
Inbrunst, die der Schwärmerei eines unglücklichen Liebhabers nicht
unähnlich ist, der seine Liebe unerwiedert sieht. Für Wildenbruch ist
der Dichter noch eine Art Halbgott, ein Uebermensch, der Alles vermag, und die unbedingteste Verehrung verdient. Leonore verliebt sich
in Marlow, noch eh' sie ihn gesehen, nur auf seine Verse hin, ganz
nach Art unserer Pensionstöchter. Sie fühlt sich verletzt, als man
respectswidrig von ihrem Dichter spricht. „Sprecht nicht von Englands
Dichter in solchem Ton." Von Romeo und Julia heißt es: „Dies
schrieb ein Gott." Und als Shakespeare endlich selbst am Schluß des
Marlow auf der Bühne erscheint, um sich selber zu citieren, da
schwingt sich der Dichter zu folgendem Hymnus auf:
„Elysium! Ich seh' Elysium" u. s. w.
Weil sich Wildenbruch während des Schaffens selbst zu sehr bewundert und auf die Finger sieht, in denen ihm nach seiner eigenen
Aussage ja das Feuer des Prometheus manchmal prickeln muß, fehlt ihm
die Reife und Ueberlegenheit, um auf das zu achten, was noth thut.
Der Dichter bewundert und verehrt aber auch seine Helden
selbst viel zu sehr, als daß er sie recht resolut zu packen und zu verkörpern wagte. Eine gewisse Respects-Entfernung trennt ihn stets von
diesen, darum gewinnen sie auch kein individuelles Leben, darum ent-
rinnen sie ihm auch stets aus den Fingern und bleiben Schatten.
Auf einen gewissen vertrauten Fuß muß sich der Dichter schon mit
seinen Helden fühlen. Als Shakespeare den Cäsar schuf, hat er sich
gewiß als nichts Geringeres empfunden denn als Cäsar selbst.
Shakespeare war so zu sagen der Kollege aller seiner Helden. Wildenbruch ist bescheidner und verehrungssüchtiger. Gewiß ein persönlich
liebenswürdiger Zug seines Charakters, aber eine künstlerische Schwäche!
Er gehört zur Klasse derjenigen Dichter, die viel mehr aus
Verehrung für die Poesie, denn aus poetischem Drange
selber schaffen. —
Aber den letzten und besten Trumpf haben die Freunde und
Bewunderer Wildenbruchs noch nicht ausgespielt! Seine Schwächen als
Poet sind hier nicht zum ersten Male betont worden, wenn auch nie
so scharf. Daß er, was Psychologie und Motivirung anbetrifft, stark
sei, haben selbst seine einseitigsten Bewunderer nicht zu behaupten ge-
wagt. Aber in einem waren doch bisher alle einig, eins mußten doch

selbst seine Gegner und Tadler stets zugeben: Wildenbruch ist ein kraftvoller Poet! Endlich einmal wieder nach all' den lallenden Dichterlingen eine junge, markige Poetennatur!

Wenn ein vernünstiger Mensch einem Dramatiker Kraft nach= rühmt, so muß sich doch irgend etwas bei diesem Worte denken lassen. Kraft! Worin? Sie kann sich äußern, indem der Dichter kraftvolle, markige Menschen, große Charaktere, gewaltige Helden darstellt. So waren Kleist, Grabbe, Alfieri kraftvolle Dramatiker. Sie kann sich indeß auch zeigen in der Stärke der Empfindung, der hin= reißenden Macht der Leidenschaften, die in dem Drama zum Ausdruck kommen. Die Gewalt der Sprache kann sie beweisen, wie bei Georg Büchner und den Dramatikern der Sturm= und Drangperiode. Endlich kann sie ihren Ausdruck finden in der ehernen Festigkeit der Komposition und in der Größe der Ideen, wie bei Lessing, Hebbel und Ibsen.

Und nur dann dürfen wir Wildenbruch diesen Ehrentitel lassen, wenn er sich in einer dieser Eigenschaften groß und stark zeigt. Aber sind seine Helden bedeutende Menschen? Wir haben es ja gesehen, mit welchen Thoren, Schwächlingen, willenlosen Geschöpfen wir es in seinen Dramen zu thun haben. Oder ist etwa sein Wimar=Knecht, der Held des 1886 erschienenen Schauspiels: „Das neue Gebot" eine starke Seele? Er ist hinlänglich charakterisirt durch seinen Beinamen, aus dem das Menschenideal des Dichters zugleich erhellt. Königstreue, blinde Verehrung und unbedingte Hingabe an seinen Herrn, auf= opfernde Pflichterfüllung und stilles Dulden, das ist der Inbegriff alles dessen, was Wildenbruch an einem gewöhnlichen Menschen preisenswerth erachtet. Könige und Dichter gehören bei ihm freilich nicht zu den gewöhnlichen Sterblichen! All' das indeß sind Tugenden, über deren Werth sich vielleicht streiten ließe, nur darüber läßt sich nicht streiten, daß sie Zeichen kraftvoller Naturen nicht zu sein pflegen. Kraft äußert sich in Handlungen, im Sturm der Leidenschaften, im Kampf für seine Ideen. Was thut aber Wimar=Knecht dieser Lutheraner vor Luther? Ein tugendhafter Priester, der durch sein Vorbild und seine Lehre seine Gemeinde in Zucht und Treue gehalten, soll von den Aufsässigen ge= zwungen werden, diese seine Gemeinde von Volkerode ihres Eids gegen den Kaiser Heinrich IV. zu entbinden. Er aber will nicht, denn:

„Dem armen Manne seinen Glauben nehmen heißt ihm die Hoffnung rauben; Hoffnung rauben heißt Seelen tödten."

Allein, ganz zu geschweigen davon, daß hiernach Luther, Kant und Darwin die nichtsnutzigsten Menschen gewesen, denn sie haben sehr vielen

Glauben geraubt, daß, wenn Wimar Recht hätte, hiernach jede Reform der menschlichen Gesellschaft und Bekämpfung der Lüge das strafbarste Verbrechen wäre. Dieser Satz hebt das Drama aber selbst auf. Denn ist Wimars Glaube so felsenfest, dann ist seine Seele eines dramatischen Kampfes gar nicht fähig. Denn Felsen wanken nicht.

Auch Wimars Glaube wankt nicht, ob man den Kaiser auch der schwärzesten Verbrechen anklagt. Standhaft weist er jede Versuchung zurück, indem er erklärt:

„Ich glaube an Ihn! Glaube braucht nicht Beweise,
Und Glaube fürchtet keinen Widerspruch."

Man nennt den König Volkes Feind, er ist ein Tyrann! Wimar aber, kühl überlegen, parirt den Schlag:

„Ein König, den die Großen hassen,
Ist gerade darum manchmal Volkes Freund."

Manchmal! Ja lieber Wimar, was ist nicht alles manchmal! Manchmal läßt der Teufel sieben gerade sein! Aber hier! Hic Rhodus! Hier wo es darauf ankommt, die Rechtlosigkeit der Verschwörung zu beweisen! Dieser Heinrich ein Volksbeglücker, das ist hier die Frage! Die Geschichte weiß nichts davon, die Geschichte bestätigt, wenn nicht alles, so doch das Meiste von dem, was ihm hier zur Last gelegt wird. Und die Dichtung? In ihr kommt er gar nicht vor, so daß wir etwa durch Augenschein die von dem Dichter über ihn gehegte bessere Meinung begreifen könnten. Diejenige Person, um die sich also alles im Drama dreht, von deren Charakter die sittliche Größe des Helden abhängt, schenkt sich der Dichter einfach, so wie er im „Marlow" Shakespeare, der im Mittelpunkte der zweiten Hälfte des Dramas steht, erst ganz zum Schluß auftreten läßt.

Also die sittlichen Bedenken rühren Wimar nicht. Von ganz andrer Seite muß erst der Wind wehen, ehe er das Fähnlein schwingt: Die Bannbulle des Papstes gegen den Kaiser stimmt ihn um. Und nun steht Dogma gegen Dogma, Glaube gegen Glaube: Hier die Unfehlbarkeit des Papstes, was noch angeht, da sie in dem Glauben der katholischen Kirche begründet ist, und dort die Unfehlbarkeit des Königs, was zu keinen Zeiten einen erdenklichen Sinn gegeben hat.

Wimar steht wie zwischen Angel und Thür. Was thun um aus dieser heißen Situation zu kommen? Es giebt nur ein Mittel: er fällt in Ohnmacht. Seinem Weibe ruft er zu:

„Decke mich,
Ich träume einen schweren, bösen Traum."

„O nein Du wachst." „Ist dieses Wachen," erklärt jetzt Wimar,
„So war bis jetzt mein ganzes Leben Traum,
Und dieses hier ist meine erste Stunde!"
Und dann meint er:
„Furchtbarer Gott, was habe ich verbrochen,
Daß Du mich in die Irre so geschickt?"
— — — „O, mein Kopf geht irr' —
Ich hab' Gott falsch verstanden, falsch verstanden" u. s. w.

Er „klammert" sich an den Mönch Bruno von Magdeburg, der die Bann=Bulle überbracht, drückt diese an sein Herz und stöhnt:

„So — so — so —
Schon fühl' ich — wie es ruhig wird — hier innen,"
entbindet darauf seine Gemeinde des Eids und bricht ohnmächtig zusammen.

Otto v. Nordheim aber, das Haupt der Verschworenen, ruft aus:
„Der Mann hat mehr gelitten als wir alle."

Der Mann aber hat gar nicht gelitten, sondern nur einen leichten Ohnmachtsanfall gehabt. Geberdet sich so ein kraftvoller Mann? Ist das die Sprache starker Seelenkämpfe und großer Leidenschaften! Weiber sinken in Ohnmacht, Kinder wimmern und Greise gehen so feig dem Seelenkampfe aus dem Wege, erklären sich so leicht besiegt, aber Männer nehmen den Kampf auf, sehen ihm mit festem Auge ins Gesicht und kämpfen ihn aus, unterliegen ihm vielleicht, aber ver= schlafen ihn nicht!

Als Wimar sich wieder erholt hat von seinem Schrecken, da kommt eine neue Aufregung, um ihn zu erschüttern. Das Schicksal ist grausam und nimmt auch gar keine Rücksicht auf die schwachen Nerven hysterischer Mann=Weiber. Schon will er sich in die neue Situation finden, da flüchtet man die kranke Königin zu ihm. Er will der Fluchbeladenen seinen Schutz entziehen. Da aber sagt ihm sein Weib, daß die Königin schwanger sei. Das freilich, meint Wimar, ändert die Sachlage gänzlich. Dies Weib hat Gott gesegnet. Die Zukunft Deutschlands schlummert in meinem Hause. Der Papst ist mächtiger als der Kaiser, deshalb mußte ich jenem folgen und für die Verschworenen Partei nehmen, ob Fürsten auch weniger bedeuten als Könige. Jetzt aber hat Gott selbst geredet, und Gott ist noch mächtiger, also u. s. w. Denn ein weiteres Charakteristikum der Wildenbruch'schen Helden, eine Eigenschaft, die Wildenbruch allerdings zu einem modernen Dichtermacht—denn sie ist modern—das ist krasseste Erfolgsanbeterei. In demselben Drama erleben wir später, daß der fanatische Mönch

Bruno einfach durch die siegreiche Schlacht an der Unstrut zum Royalisten wird. Der Erfolg ist es, der in Wildenbruchs Welt das Recht bestimmt. Niemals sehen wir ein sittliches Prinzip zum Siege gelangen. Die Karolinger behalten Recht, weil ihnen der Sieg ward, Harold muß Unrecht haben, weil er unterlag.

Eine einfache Krankheit genügte Wimar nicht, um die Sache der Menschlichkeit gegenüber dem Buchstabenglauben zu ergreifen. Wohl aber die Schwangerschaft der Königin. Dem Zaubernden ruft sein Weib zu:

„Wer sich vor Menschen fürchtet, der thut Sünde,
Du fürchtest Dich vor Menschen, Wimar-Knecht."

Wimar will sich aber nicht vor Menschen fürchten und er rettet die Königin. Was? ruft der Leser erstaunt aus, der Papst ein Mensch für einen Priester des 11. Jahrhunderts? „Der Papst ist Gott!" hatte er doch eben noch erklärt. Also ist seine Nachgiebigkeit wieder nur Schwäche, und nichts als Schwächlichkeit, jämmerlichste Charakterlosigkeit!

Jetzt aber ist er, wie alle schwachen Menschen, wenn sie auf die Defensive angewiesen sind, stark, vermag aber dennoch nichts, wenn ihm nicht der liebe Herrgott oder wie man in der Vulgär-Sprache zu sagen pflegt, der Zufall selber in seiner Noth zu Hilfe gekommen wäre. Gewaffnete des Königs sprengen herein und vertreiben die Feinde. Wimar aber ruft begeistert aus:

Denn hier ist mehr als Menschen-Macht und Waffen,
Die Flügel Gottes rauschen über Euch!

Mehr als Menschen-Macht! Aber Menschen-Macht, menschliche Kraft und Leidenschaft ist es allein, was wir im Drama wollen! Das „Mehr" gehört in die Legende und in das Märchen!

Der arme Wimar! Wenn der mitleidige Leser nun glaubt, seiner Prüfungen sei ein Ende, so befindet er sich in arger Täuschung. Und wer vollends mit seinen Thränen nicht sparsam umgegangen, der kommt in arge Verlegenheit. Denn das Allerschwerste kommt noch. Im dritten Akt wird gegen ihn selbst eine Verschwörung eingeleitet. Man klagt ihn an, das Allerheiligste entweiht zu haben. Er hatte die fluchbeladene Königin auf den Altar gerettet. Er soll sein treues Weib verstoßen, das Weib wird verflucht, das Cölibat eingesetzt. Das ist dem guten Mann denn doch zu viel, dagegen weiß er nichts zu sagen, dafür hat er nur eins: Verachtung. Plötzlich, während er so dasteht und sinnt über des Geschickes Tücken, da geht ihm, wie man so zu sagen pflegt, ein helles Licht auf:

3.

„Und einen Menschen hab' ich angebetet."

Solche großen Gedankenrevolutionen gehen bei Wildenbruch nämlich lautlos und so nebenher von statten. Denn es ist das Zeichen un= reifer Köpfe, von solchen Entdeckungen viel Aufhebens zu machen. Das macht ein großer Geist so im Handumdrehen ab, zumal, wenn es sich um Dinge handelt, die er schon in der Schule gelernt hat. Denn hat auch Wimar=Knecht keine preußisch=protestantische Schule be= sucht, so hat es doch sein Dichter für ihn gethan, und zwischen beiden muß ein hübsch brüderliches Verhältnis herrschen.

Wohl wahr! Nur daß wir lieber gesehen hätten, der Dichter wäre weniger gut und mehr wahr gewesen. Kein Zweifel packte Wimars Seele über die für seine Zeit doch wahrhaftig ungeheuerliche Idee, kein Kampf durchtoste seine Brust, da er sich von einer felsenstarken Satzung seiner Zeit losriß? Von Kraft zeugt doch diese jähe That gewiß nicht.

Aber die Rätsel der Natur sind groß! Was für Wimar, den Zeitgenossen Gregors VII., eine Kleinigkeit war, für den Dichter sollte es verhängnisvoll werden. Man fand sein Drama überaus kühn, lobte und tadelte es wegen seiner modernen Ideen. Die höheren Theater verschlossen sich ihm, man fürchtete die Ruhe des deutschen Reiches gefährdet durch die Aufführung des „Neuen Gebot". In der That eine erschütternde Wahrheit für unsre Zeit, für ein Volk, dessen Landesreligion auf dieser Wahrheit beruht, nachdem man eben erst den 400. Geburtstag des Stifters dieser Landesreligion gefeiert!

Aus dem Schicksal, das dem N. G. zuteil ward, konnte man wieder lernen, daß unsere Zeit in dem, was sie dem Dichter gestattet und nicht gestattet, feiger und engherziger ist als je eine andere Zeit. Heut darf der Dichter nicht mehr sagen, worauf sich die Landesreligion stützt. Heut will eben das liebe Publikum im Theater nur noch schlafen! Dichtungen wie Fitgers „Hexe" und „Von Gottes Gnaden", die Wahrheiten verkünden, die bereits vor 100 Jahren alle Vögel von den Dächern gepfiffen, gelten heute als hochgradig ketzerisch. Unsere stockfaule Zeit will eben gar keinen Kampf dem Dichter mehr erlauben, nicht einmal den gegen Windmühlen! Wildenbruch aber ist so wenig ein moderner Dichter als ein patriotischer. Denn nur der Dichter, der sein Ohr an den Schooß seiner Zeit gelegt und prophetisch schaut, was in ihm nach Leben ringt, nur der allein ist ein moderner Dichter.

Lauter selbstverständliche Dinge sind es, für die sich Wildenbruch ins Zeug wirft. In der „Herrin ihrer Hand" kommt der Held z. B. auf den Einfall, nach Assyrien zu reisen, um die mit Keilinschriften bedeckten Ziegelsteine der Königschlösser von Ninive zu finden und zu entziffern. Der gute Mann, der ein volles Menschenalter in der Kultur zurückgeblieben, weiß also nicht, daß vor ihm schon ein gewisser Engländer Namens Layard so schlau gewesen ist und ihm die Lorbeeren vorweg gepflückt hat.

Das „Neue Gebot" hätte vor etwa 400 Jahren auf einer deutschen Bühne erscheinen müssen und es hätte gewiß den Anspruch auf den Ehrennamen einer „kühnen" Dichtung, aber heute nur insofern, als es immerhin auch eine Kühnheit ist, 400 Jahre zu spät auf der Welt zu erscheinen.

Doch wo haben wir unsern Wimar gelassen? Dieser kühne Revolutionär hat gewiß inzwischen sein ganzes Land in Aufruhr versetzt, und wir philosophiren hier über das, was modern und nicht modern ist! Denn als kraftvoller, ja auch nur als ehrlicher Mann wird er doch aufstehen gegen diesen Trug, die Wahrheit verbreiten, man wird ihn verfolgen, er wird untergehen im Kampfe für eine neue Idee, er wird rufen mit seinem Nachfolger Luther, der in der That ein starker Mann gewesen:

„Und wenn die Welt voll Teufel wär'!"

Aber er wird keine Macht der Welt fürchten. Da wäre ja ein Held, da wäre Kampf, da wäre Kraftentfaltung — möglich!

Doch nichts von alledem geschieht! Wimar nimmt den Wanderstab in die eine Hand, sein Weib an die andere und zieht in die Fremde!

Das nennt man zu deutsch Feigheit!

Doch lassen wir den Ohnmächtigen und sehen wir uns um, was wir sonst an Kraftäußerungen in Wildenbruchs Dramen finden. Daß die Helden alle Jammergestalten sind, haben wir vollauf gesehen, und wo sie etwas thun, thun sie es aus Dummheit oder Gewissenlosigkeit (Harol Bernhard). Marlow sagt von sich selbst, er sei von der Natur „zu unvollwichtig täuschendem Metall geprägt"; König Eduard zählt sich unter die Menschen, „die weder Licht noch Dunkel, die immer Schatten nur"; und Selvaggia vergleicht der Dichter selbst mit Wasser. Aber noch viel schwächer und haltloser zeigt sich der Dichter in der Darstellung von Leidenschaften. Nirgends läßt er seine Gestalten sich ausleben. Er sucht zu versöhnen, was nicht zu versöhnen ist, wie die Schuld Heinrichs in „Väter und Söhne", die Widersprüche

in der Brust Wimars. Er motivirt und meist kleinlich, was nicht motivirt, sondern vor allen Dingen dargestellt werden will, wie Haß und
Racheburst des alten Bergmann. Dadurch werden Wildenbruchs Helden
nur gar zu leicht schwächlich sentimental (Wimar, Claramello), oder
gar, was noch schlimmer, niedrig gemein, wofür nur zwei, allerdings
drastische Beispiele. Die Kaiserin Judith in den Karolingern steht im
Begriff, einen Treubruch zu begehen. Da fragt sie Bernhard, ob sie
ihm wohl angehören würde, wenn ein Hinderniß nicht wäre (nämlich
der Kaiser). Jene aber, die wissen könnte, was ihr Adonis im Schilde
führt, antwortet nicht „ja", antwortet nicht „nein", sondern — „ich
glaube". Also so erbärmlich ist sie, daß sie auch nicht einmal den
Muth zur Sünde findet. Ich glaube! Hätte sie in der Leidenschaft
für Bernhard den Kaiser selbst vergiftet, sie wäre groß gewesen, und
niemand hätte ein Recht gehabt, den Dichter zu tadeln, daß er so Anstößiges auf die Bühne gebracht! Denn so Anstößiges kommt eben
im Leben vor. So aber, durch diese Halbheit sinkt sie zur Metze
herab, so läßt sich nur ein Einziges zu ihrer Entschuldigung sagen,
was Bayle zur Vertheidigung Gottes anführt: „Ce qui l'excuse, c'est
qu'il n'existe pas". Sie ist eben kein lebendiges Weib, sondern eine
Theaterpuppe! Und mit Theaterpuppen rechnet man nicht! — Eine
andere Heldin des Dichters, Maria im „Menonit" wird durch solche
Halbheit geradezu zur Jesuitin. Ihr Jugendgeliebter mahnt sie an
ihre Jugendliebe. Sie aber liebt ihn noch, hat aber indeß auf Wunsch
ihres Vaters einem anderen Manne sich verlobt. Sie antwortet:

„Niemals, versprach ich Dir."

und deshalb fühlt sie sich zu nichts verpflichtet. Wieder schändlich,
wenn's nicht unwahr wäre! Dieselbe Maria wird von ihrem eigenen
so unsäglich angebeteten Vater, dem zu Liebe sie sogar einen hassens-
werthen Mann heirathen will, vor der versammelten Menonitengemeinde eine „Dirne" genannt, worauf ihre gekränkte Seele folgenden
tief erschütternden Ausdruck für ihren Schmerz findet:

„Ach, — das war schade, daß Du das gesagt hast."

Der Grund aber für diese Schwächlichkeiten und Halbheit („ich sagte
nicht nein!" heißt es einmal geradezu) ist, Wildenbruch nimmt sich gar
nicht das Herz, große Verbrechen und Leidenschaften zu schildern! Er
ist viel zu gutmüthig, um auch nur daran zu glauben. Der Dichter
will seine Helden lieber schwach als sündhaft erscheinen lassen. Im
Grunde ist es die reine Gutmüthigkeit und Harmlosigkeit, die aus
sämmtlichen Personen Wildenbruchs spricht.

Also nach keiner Richtung hin erfüllt Wildenbruch die Erwartungen, mit denen man an einen „kraftvollen Dichter" herantreten muß. Menschen, Handlung, Komposition, alles zerfällt, wenn man nur daran tippt, wie morscher Zunder. Sind wir genöthigt, die Komposition des „Neuen Gebot" für sicherer und besser anzuerkennen als die der übrigen Dramen, so müssen wir als Begründung hinzusetzen: hier hat der Dichter sein Schwäche erkannt und bewußt und consequent die dramatische Handlung zwischen die Alte gelegt, so daß das scenische Bild tabelloser erscheint.

Das Lebensideal des Dichters endlich, das aus seinen Dramen spricht, ist ein erstaunlich hausbacken gemüthliches. Das höchste Lob, in dem sich Haralds Geliebte erschöpft, ist — man höre die Stelle selbst, denn sie zeigt wie, eben wie gemüthlich der Dialog eines Wildenbruch'schen Schauspiels zu sein pflegt:

Harold:
O Theure — laßt mich länger nicht verweilen
Im Vorhof unermeß'ner Seligkeit:
Von ganzem Herzen lieb' ich Euch, Adele.

(„Von ganzem Herzen lieb' ich Euch", ganz so steht es in Stammbuchversen auch!)

Adele:
Ach, ist das wahr?

Harold:
Ihr zweifelt?

Adele:
Nimmermehr.
Wißt Ihr, ich nannt' Euch einen ernsten Mann,
Als ich zuerst Euch sah?

Harold:
Gewiß, ich weiß.

Adele:
Ein ernster Mann — dies Wort klingt einfach? (Bei Gott!)
Doch kenntet Ihr den Inhalt, den mein Herz
In dieses Wort legt, o, gewiß Ihr sagtet,
Daß Frauen- (lies Backfisch-) mund kein größer Lob besitzt.

Harold:
Und solches Lob galt mir?

Adele:
Es ist ein Mann,
Der tändelnd nicht und nicht im losen Spiel
Die holden Worte spricht, die Ihr mir sagtet.

Wer wollte leugnen, daß Abele das Zeug zu einer tüchtigen Gouvernante in sich hat! In „Opfer um Opfer" rühmt der Afrikareisende Wernshausen von der Heldin, daß sie das einzige Weib sei, von der er sicher wüßte, daß sie „nicht thöricht sein" könnte! Alles Gouvernanteuideale! Das wäre die Sprache, die sich für einen kleinen Jungen gegen seine Er= zieherin gut paßte!

Also wie man bei Wildenbruch Chauvinismus und Patriotismus, aktuell und modern verwechselt, so hat man auch den äußeren Theater= lärm von innerer Kraft nicht zu scheiden gewußt. Die Kraft seiner Helden besteht in ihren Sehnen und Lungen. Geschrieen, gewettert und geflucht wird genug. Das Schwertergeklirr hat gar kein Ende und kein Akt eines Wildenbruch'schen Dramas, in dem nicht Haufen Volks, ganze Regimenter u. s. w. auftreten. Daß das Lärm gibt, ist bekannt und beruht auf sehr einfachen Naturgesetzen.

Allen Schauspielen Wildenbruch's mit alleiniger Ausnahme seiner patriotischen Tendenzdichtungen, namentlich aber den jüngsten seiner bis zur Niederschrift dieser Zeilen erschienenen Dramen fehlt es an jeder leitenden Idee. Es sind einfache Historien ohne jede Beziehung zu unserer Zeit oder unserem Volke. Dem Fürsten von Verona (1887) fehlt sogar der eigentliche Held. Wir fragen vergeblich, wer ist der Fürst von Verona? In jedem Akt einfach ein Anderer: im I. Ezzelino, im II. der Graf von Sanbonifazio, im III. und IV. Mastino della Ekala und endlich im V. bleiben wir auch darüber im Ungewissen; denn das Resultat des Kampfes wird nirgends verkündet. Gemeint ist wahrscheinlich Mastino, der Friedensbringer, zur Kategorie jener Shakespearischen Helden gehörend, die nach ausgetobtem Kampfe ganz zum Schluß als versöhnende Mächte auftreten, meist eine untergeordnete Rolle im Drama selbst spielen, nie aber den Haupthelden beizuzählen sind (Richmond, Fortinbras, Albanien, Malkolm u. s. w.). Wildenbruch hingegen stellt seinen Friedenshelden in den Mittelpunkt des Dramas, läßt ihn im zweiten Akte, wie ausdrücklich bemerkt ist, „lächelnd" auf= treten, im dritten Akte die Rolle eines girrenden Täuberichs spielen und erst im vierten in die Handlung eingreifen.

Aber zeigt uns der „Fürst von Verona" deutlicher als alle anderen Dramen des Dichters Schwächen und Mängel, so treten auch hier seine Vorzüge deutlicher hervor. Wildenbruch ist ein vorzüglicher Theatraliker, dem alle Mittel herhalten müssen, um seinen Dramen eine höhere Wirksamkeit zu geben. Und versteht er es auch nicht dramatisch zu entwickeln, so ist er doch groß in der Kunst, wie er die einzelnen einmal angenommenen Situationen auszunützen versteht. Die Situationsschilderung ist überhaupt dasjenige, worin der Dichter wie in der Humoreske, so im Drama und insbesondere in der Novelle seine Stärke hat. Jeder Akt enthält überraschende, oft hinreißende theatralische Bilder. Namentlich in den Aktschlüssen wendet er die stärksten Effekte an: Da sehen wir eine Festung kapitulieren, deren Komandant sich vor Verzweiflung eine Kugel durch die Brust jagt. Der zweite Akt der Karolinger schließt mit der wilden Auflösung des Wormser Reichstages, und in wüstem Tumulte sehen wir die Völker auseinander rennen. Freilich verschmäht er, um Effekte zu erreichen, auch kein Mittel, selbst das gewagteste und bedenklichste nicht. Im „Marlow" vergreift er sich sogar an der geheiligten Person Shakespeares, um einen elenden Theatercoup zu erzielen; im „Neuen Gebot" begeht er die Geschmacklosigkeit, eine schwangere Frau auf die Bühne zerren zu lassen; und in der Neu-Bearbeitung von „Väter und Söhne" wird der junge Jugersleben auf einer Bahre, auf der man den Leichnam des alten Bergmann liegen glaubt, über die Bühne getragen. Minuten-lang wird nun der Zuschauer in qualvolle Aufregung versetzt, ob jener Trug nicht doch im letzten Augenblick entdeckt werden und die Rettung mißglücken wird. Das sind Rohheiten und Geschmacksverirrungen, denen man nur in Kolportage-Romanen zu begegnen gewohnt ist. Im Allgemeinen aber macht der Dichter nur von seinem guten Rechte Ge-brauch, wenn er alle ihm zu Gebote stehenden Mittel anwendet, durch die er seinen Dichtungen zwar keinen höheren Wert verleihen kann, die aber ihre Wirksamkeit unvergleichlich erhöhen. Ja, man muß sogar gestehen, daß er durch seine theatralische Geschicklichkeit und die Kunst in der Situationsschilderung oft Wirkungen erzielt, die den dramatischen sehr ähnlich kommen. Die geradezu zündende Wirkung, welche der erste Akt des „Neuen Gebot" bei seiner ersten Aufführung im Berliner „Ostend-Theater" ausgeübt, leugnen zu wollen oder etwa nur auf ge-meine Effekte und äußeren Skandal zu schieben, das hieße sich der größten Ungerechtigkeit schuldig machen. Der „Fürst von Verona" ist vor allem reich an solchen wirksamen theatralischen Bildern, so im ersten Akt der anmuthige Kampf der Töchter der streitenden Parteien mit weißen und roten Rosen im Nonnenkloster zu Verona. Freilich als die mutwilligen Mädchen in der Hitze des Gefechts schließlich zu Steinen ihre Zuflucht nehmen, da artet das anmutige und heitere Bild in eine Rohheit sondergleichen aus. Bemerkenswert ist dieses Drama

auch noch in einer anderen Hinsicht. Hier finden sich die ersten, aller=
dings spärlichen Ansätze zur Charakteristik. Freilich die Heldin Selvaggia
ist das Non plus ultra einer fadenscheinigen Liebhaberin. Sie besteht
aus lauter Mondschein, Duft und Zucker und wird schlechtweg „der
Engel", „Madonna", „Gebenedeite" u. s. w. genannt. Sie ist so artig,
daß sie zu ihrem Papa, welcher sie einem verhaßten Manne geben will,
sagt: „Deinem Willen zu gehorchen ist mir so natürlich wie das Athem=
holen meiner Brust". Sie ist eine Multiplikation von Thekla und
Julia, ins Quadrat erhoben! — Dagegen ist Claramello eine ganz
originell und in der Hauptsache nicht unwahr erfaßte Gestalt. Ein
rauher Kriegsheld, der vor den Augen seiner Angebeteten erbebt, der
nicht zu freien wagt, weil er zwar nicht zu denen gehört, die da
„sterben", doch zu denen, die da „töten", „wenn sie lieben."

Es war eine der vielen Ungerechtigkeiten, deren sich unsere Theater=
kritik sowie unsere Theaterleitungen gegen Wildenbruch in früheren
Zeiten schuldig gemacht, daß sie sich allein deshalb ablehnend gegen ihn
verhielten, weil er historische Dramen in fünffüßigen Jamben gedichtet.
Das historische Drama in Versen hat deshalb nicht seine Berechtigung ver=
loren, weil es einigen naturalistischen Heißspornen gefallen hat, allem,
das nicht bloße Kopie der Wirklichkeit, wozu das historische Drama
niemals gehören kann, jegliche Existenzberechtigung abzusprechen und
den Vers aus der Poesie zu bannen.

Dagegen werden wir vom historischen Drama mehr denn von
jedem andern verlangen, daß es Kraft der Darstellung dokumentiere
und modernen Lebensodem atme. Jedem historischen Stoffe um seiner
selbst willen, mag er uns auch noch so fern liegen, wie der Kampf der
Guelfen und Ghibellinen, Berechtigung einräumen, heißt das innerste
Wesen der Poesie verkennen. Seinen Karolingern hat Wildenbruch das
Motto vorgesetzt:

Der Historiker liest im Buch der Geschichte die Zeilen,
Zwischen den Zeilen den Sinn liest und erklärt der Poet!

Nun wäre sehr zu wünschen, Wildenbruch dächte etwas höher von
der Thätigkeit eines Ranke oder Taine, dann würde er sich auch nicht
einbilden, mit seinen Dramen „den Sinn" der Geschichte „erklärt zu
haben". Dies dürfte vielleicht auch zu den Aufgaben des Historikers
gehören. Das Amt des Dichters aber ist es nicht, von der Bühne
herab Geschichte zu dozieren, eine Auffassung, die z. B. Julius Moser
noch vom Drama gehabt hat! Ganz zu geschweigen davon, daß

Wildenbruch für gewöhnlich noch zu allem Unglück weit hinter der Geschichte zurückbleibt. Im „Herold" läßt er sich z. B. die rührende Gestalt der Editha Schwanenhals entgehen, um statt ihrer eine ganz triviale Liebhaberin einzuführen. In der Geschichte hat der Aufstand der sächsischen Fürsten gegen Heinrich IV. gute Gründe, und namentlich die Motive, die Otto von Nordheim zum Abfall bewegen, sind „in der Geschichte" wirklich tragischer Natur. Bei Wildenbruch sind die Ver- schwörer nichts als eine Bande roher, habgieriger Patrone. Und in der Geschichte ist die Kaiserin Judith, auf die doch der Dichter vor allen Dingen sein Epigramm bezogen haben will, wahrhaftig nicht so erbärmlich als im Drama. Oder glaubt Wildenbruch etwa im „Fürsten von Verona" den „Sinn" der Geschichte erklärt zu haben, indem er die Stadt Verona als für die Liebe prädestiniert annimmt! — —

Wollte man die Wildenbruch'schen Dramen mit einem Worte er- schöpfend bezeichnen und zugleich verurteilen, so muß man sagen: ihnen fehlt die Seele. Wildenbruchs Novellen dagegen haben eine Seele, atmen ein eigenes geistiges Leben, und deshalb sind sie aller ihrer Mängel ohngeachtet Kunstwerke. Nur sie allein gestatten einen Einblick in das eigene und tiefe Seelenleben des Dichters. Denn sie sind selbst empfunden und aus der Tiefe des Herzens geschöpft.

In seinen Dramen hat es Wildenbruch nur dreimal versucht, sich in die Seele seiner Helden zu vertiefen: in „Väter und Söhne", dessen Held (Valentin Bergmann) aber in seinen Händen zum Unge- heuer wurde, in Christoph Marlow, für den er sein Vorbild in Tieck's Novelle gefunden, und endlich in Claramello, der einzigen originellen Figur in sämmtlichen Dramen von Wildenbruch. Und diese Figur ist charakteristisch für ihn. Sie gehört der Spezies seiner Novellen- Helden an, in denen indeß Wildenbruchs Wesen noch präziser, reiner und edler hervortritt. Sie sind mit einem Worte bezeichnet, durch den Ausdruck: „weiblich". Weiche empfindsame Naturen, die sich im Leben nirgends zurecht finden und überall sich von der Rauhheit desselben unangenehm berührt fühlen; dabei unsäglich leidenschaftlich, doch un- fähig, sich auszuleben, ihr Gefühlsleben in sich verschließen, um es plötzlich gewaltsam ausbrechen zu lassen. Ihre Verschlossenheit und Innerlichkeit macht sie ungeschickt zu handeln und läßt sie überall an- stoßen. Sie wachsen auf und leben in einer Welt, die ihnen kein Verständnis entgegenbringt. Dem Spott ihrer Berufsgenossen sind sie unaufhörlich ausgesetzt. So pflegen sie sich an ihrem eigenen Feuer zu verzehren und meist elend zu Grunde zu gehen.

Wer könnte diese Novellen lesen, ohne aus ihnen die Bekennt=
nisse eines leidenschaftlichen Dichtergemüts zu lesen!

Die glänzendste, weil naturwahrste Gestalt und zugleich der
Gipfelpunkt der Wildenbruch'schen Schöpfungen ist der Held im „Meister
von Tanagra." (1880). Diese Novelle giebt die tiefsten Aufschlüsse
über die wahre Anlage Wildenbruch's. Der Held ist der Schüler des
atheniensischen Praxiteles, der im Atelier seines Meisters erkennt, daß
ihm zum Bildhauer die Begabung fehle. Nichts charakteristischer für
unsern Dichter als die Begründung für die mangelnde Begabung und
Täuschung seines Helden. Auch in seiner Seele schlummerten allerhand
Bilder, die zwar vor seinem träumenden Auge leibhaftig standen, auch
in ihm wirkte die Sehnsucht, zu gestalten, aber ihm fehlt — die Rück=
sichtslosigkeit. Seine Hände sind zu zart, um den Meißel zu packen,
seine Seele viel zu weich, um über die Natur die Herrschaft auszu=
üben, ohne die er sich keinen großen Künstler denken kann. Er selbst
hatte dem Praxiteles Modell stehen müssen, bis zur Erschöpfung hatte
er still halten müssen, ehe ihn sein Meister frei ließ. „So unerbittlich
gegen sich und Andere mußte also der Mensch beschaffen sein, der
Werke schaffen wollte wie Praxiteles . . . er fühlte, daß sein weiches
Herz diese stählerne Härte nicht besaß." Die Schilderung dieser Stim=
mung ist meisterhaft. Und läßt der Dichter auch den Helden seine
Gefühle weder durch Handlungen noch durch Worte ausdrücken, so be=
kommen wir doch durch diese Schlichtheit der Schilderung ein plastisches
Bild von dem Jüngling. Wir können ihm bis auf den Grund seiner
Seele schauen, und nichts, was in dieser Erzählung vorgeht, das uns
nicht durchaus begreiflich, ja sogar psychologisch notwendig erscheint,
wenn wir uns auch nicht immer mit der Art selber einverstanden er=
klären können, mit der es vorgeht.

Das Verhältnis aber, in dem wir hier einen unproduktiven,
aber in heißer Begeisterung für die Kunst erglühenden Jüngling zu
seinem Meister sehen, ist dasselbe, das uns schon im Marlow be=
gegnet, der bereits mit Shakespeares Augen Shakespeares Welt er=
blickt, doch mit dem Bewußtsein, dieser Welt künstlerisch nie Herr
werden zu können. Es ist das Verhältnis, in dem Wildenbruch seinen
dramatischen Vorbildern gegenüber steht. Denn auch er vermochte
nicht „die Glut seiner Sinne unmittelbar in die Glut des Gefühls um=
zuwandeln." Auch Wildenbruch mochte an seinen Meistern den „feurigen
Blick des klaren Auges" bewundern, der da „verrät, daß sie nichts
hatten aufgeben, nicht hatten unrein werden müssen, um alles zu erlangen."

Mit wunderbarer Feinheit deckt hier Wildenbruch eins der tiefsten künstlerischen Gesetze, auf: die Reinheit des Blicks, den sich in Zeiten der Überkultur zu wahren nur den edelsten Geistern und stärksten Charakteren möglich ist.

Jenes Gefühl aber, die Sehnsucht nach einem ewig unerreichbaren Paradiese, es hat auch der Novelle ihren Charakter aufgeprägt. Die ganze Glut zurückgehaltener Leidenschaft spricht aus ihr.

Die Reinheit und Wahrheit der Diction, die im „Meister von Tanagra" noch vorherrscht, hat Wildenbruch nie mehr erreicht. Im Gegenteil neigen seine späteren Novellen bereits zur Maniriertheit, und sind von Abgeschmacktheiten und barocken Einfällen nicht frei. Allein so Hohles, Naturwidriges wie in seinen Dramen findet man auch in der schlechtesten seiner Novellen nicht an. Direkt unwahr wird er nur dann, wenn er seine Helden redend oder handelnd einführt, also überall da, wo er als Dramatiker seine größte Stärke haben sollte.

Im Jahre 1882 ließ Wildenbruch seine „Novellen" und 1885 seine „Neuen Novellen" erscheinen. Jene enthalten die drei Erzählungen „Franceska von Rimini," „Vor den Schranken" und „Brunhild." Die erstere leidet an einer zu weit ausgesponnenen, kleinlich wirkenden Exposition, die dem Ganzen das Aussehen eines Gebäudes giebt, das auf einer Nadelspitze ruht: denn im Grunde ist es wie so oft bei Wildenbruch ein Mißverständnis, das den Anstoß zu allen späteren Handlungen giebt. Die zweite Novelle „Vor den Schranken" hat mit der letzten der „Neuen Novellen" „Die heilige Frau" das gemein, daß hier ein soziales Thema — gestreift, aber nicht behandelt wird. Aus jener spricht ein ganz allgemeines aber unthätiges Mitgefühl mit den „Mühseligen und Beladenen". Die heilige Frau aber würde schlechtweg die Bezeichnung frivol verdienen, wenn nicht aus ihr ein totales Unverständnis des Dichters für diese Frage erkenntlich wäre. Denn hier appeliert der Dichter sogar an unser Mitgefühl für einen Elenden, der ein junges Mädchen verführt und verläßt. — In zwei anderen Novellen treffen wir auf Kleist'sche Spuren: in „Brunhild," dessen Heldin, eine Akrobatin, ob ihr gleich die echt Wildenbruch'sche Sanftmut und Duldermiene nicht fehlt, doch mit Kleists „Penthesilea" ausruft: „Küssen ist doch eigentlich nichts, aber beißen und verschlingen!" Und in der zweiten Erzählung der „Neuen Novellen": „Die Danaide", der Anlage nach der bedeutendsten, in Anbetracht der Ausführung die schwächste der Wildenbruch'schen Novellen. H. v. Kleist hat in seiner „Verlobung auf St. Domingo" dasselbe Problem behandelt: Rettung eines jungen Mannes, der in Folge eines niederträchtigen Verrates in die Hände seiner Feinde fällt, durch ein Weib des feindlichen Volkes, das sich in ihn verliebt und für ihn opfert. Eine hochdramatische Idee! Aber nun lese man, was der Dramatiker Wildenbruch damit anzufangen gewußt! Man lese Kleist's Novelle danach, um zu erkennen, was Kraft der Handlung, Energie und Diction bedeutet. Mit welcher verbissenen Wut behandelt dieser seinen Stoff, und wie matt, wie lammfromm wickelt sich bei Wildenbruch alles ab!

Von den „Kinderthränen" (1884), verdient „Der Letzte" den zweiten Preis unter den Wildenbruch'schen Dichtungen. Der Held ist ein sechsjähriger Knabe, der aus Mangel an Liebe zu Grunde geht. Diese Erzählung ist unzweifelhaft das Rührendste, was Wildenbruch geschrieben. Die Helden in seinen übrigen Novellen haben oft etwas unendlich Jammervolles, „Ritter von der traurigen Gestalt" nennt er selbst einen derselben, und diese ihre Jämmerlichkeit ist es, die uns kein rechtes Mitgefühl zu ihnen fassen läßt. Hier aber ist es ein Kind, das naturgemäß nicht handeln kann, noch auch zu sagen ver= mag, „was es leidet". Diese Novelle knüpft übrigens gleichfalls, nur in würdigerer Weise und in künstlerisch edlerer Form an den Krieg von 1870/71 an.

Die letzte Novelle endlich, „Der Astronom" (1987) ist künstlerisch nicht ohne Fortschritt, bringt jedoch keinen neuen Zug in Wildenbruchs Novellistik. Die äußeren Verhältnisse sind denen der „Francesca von Rimini" nachgebildet, während der Schluß der „Danaide" gleicht. Mit dem Helden des „Meister von Tanagra" dagegen hat die Jünglings= gestalt im „Astronom", der junge Doppnau, die größte Verwandtschaft. Nur daß hier Alles unwahrer und gemachter erscheint! Erwähnt sei auch noch, daß der „Astronom" mit Wildenbruchs ältester Novelle das gemein hat, daß aus beiden eine greisenhafte Sinnlichkeit und mönchische Sehnsucht nach dem Weibe spricht. — —

Will man indeß über einen Dichter im Ganzen gerecht und erschöpfend zugleich urteilen, so darf man nicht nur das heranziehen, was er geschrieben. Man muß auch einen Blick werfen auf das weite Gebiet ringsum, das er unberücksichtigt gelassen. Wenn dies Gebiet aber das ganze moderne Leben umfaßt, so liegt in der Kon= statierung dieser einzigen Thatsache das vernichtendste Urteil, das über einen Schriftsteller ausgesprochen werden kann. Den tieferen Lebens= fragen unserer Zeit steht Ernst von Wildenbruch völlig fremd unb teilnahmslos gegenüber kühl bis an's Herz hinan. In seinen patriotischen Dichtungen schlägt er sich noch mit den Franzosen herum; daß dem modernen Teutschland die größte Gefahr in der slavischen Race droht, davon ahnt Wildenbruch noch nichts. Eine soziale Frage kennt er gar nicht. —

Man hat Ernst v. Wildenbruch den „Dichter der deutschen Jugend" genannt; und auf keinen seiner Ehrentitel scheint er selbst so stolz zu sein wie auf diesen, richtig verstanden allerdings schönsten, der einem Dichter zuerteilt werden kann. Die Jugend wird aber in körperlicher so auch in geistiger Hinsicht, durch zweierlei charaktersiert, erstens die Unreife, die sich geistig in der Phrase äußert, und zweitens, — eben die Jugend, das junge Leben, das in ihr keimt. Die deutsche Jugend, die sich an Schillers Dichtungen begeistert, half im Mannesalter das ausführen, was Schiller als Ideal vorgeschaut. Welches aber sind die Ideale, d. h. die Ideen, die nach Gestaltung ringen, die die moderne Jugend aus Wildenbruchs Werken ins Mannesalter mit hinübernehmen soll? Aber Wildenbruch hat keine Ideale, denn er hat keine Beziehung zu unserer Zeit. Was ihm als Ideal vorschwebt (die Einheit Deutschlands, Allgemeine Wehrpflicht, Losreißung der Kirche vom Papste) ist längst erfüllt, und somit kein Ideal mehr. Und gleichwohl wird Wildenbruch einer allerdings thörichten Einteilung zufolge, in die Klasse der idealistischen Dichter gezählt? Hierhin wird er freilich auch wegen seiner schönfärberischen Darstellungsweise verwiesen werden müssen. Ein idealistischer Dichter ohne Ideale!

Einen idealen Dichter kann man nur den nennen, der nach Geibels schönem Wort „in der Zukunft Sinn gedichtet." Nun denken zwar auch Wildenbruchs Dramen stets über ihre eigene Zeit hinaus. Im „Harold" fanden sich Anspielungen auf die Vereinigung der angelsächsischen mit der normännischen Rasse. Und „Die Karolinger" schließen geradezu mit dem vielleicht schönsten Worte, das aus Wildenbruchs Munde geflossen.

„Die Zukunft ist des Mannes wahre Zeit."

Allein die Zukunft, von der hier geredet wird, ist für uns bereits Vergangenheit geworden. All das liegt hinter uns.

Aber Wildenbruch begreift es gar nicht, daß alle Poesie totgeboren, die nicht „in der Zukunft Sinn gedichtet". Er selbst erklärt in der Vorrede zu seinem „Sedan":

„Denn ein Gesang von großer vaterländischer That ist nur für die gegenwärtige Zeit bestimmt, in deren Herzen er das Gefühl durch sein Wort erlösen, auch nicht nur für die zukünftige, deren Gedächtnis er zum großen Tage zurückrufen soll, er ist auch für die Vergangenheit gedichtet, damit die großen Geister des Vaterlandes wieder auferstehen im Herzen des Volkes" u. s. w.

Nein, der große Dichter dichtet nicht für die zukünftige Zeit, nur um deren Gedächtnis zum großen Tage der Vergangenheit zurückzurufen, er dichtet noch viel weniger für die Vergangenheit, um die großen Geister wieder auferstehen zu lassen. Er weckt selbst große Geister, weil er die Thaten der Zukunft, d. h. die Ideale der Gegenwart besingt. Seine wahre Zeit ist eben, um das treffendste Wort des Dichters zu wiederholen: die Zukunft, und einzig und allein die Zukunft; die Zukunft, der alle großen Dichterherzen entgegengeschlagen.